KB084159

반다나 시바의 나브다냐 운동 이야기

씨앗이 있어야 우리가 살아요

※일러두기
　인도, 미국 등 외국 사례 중심으로 설명된 이 책에 대한 우리 어린이들의 이해를 돕기 위해 일부 내용을 수정,
　첨가하고, 우리나라 실정에 맞는 부록을 수록하였습니다. 이를 위해 전국여성농민회총연합, 정읍 농민 권명순
　님, 홍성 씨앗도서관 문수영 님, 오도 선생님 등 여러 분들의 도움을 받았습니다.

반다나 시바의 나브다냐 운동 이야기

씨앗이 있어야 우리가 살아요

반다나 시바 · 마리나 모르푸르고 글 | 알레그라 알리아르디 그림

김현주 옮김 | 전국여성농민회총연합 감수

홍성 씨앗도서관 추천

책속물고기

희망의 토종 씨앗 함께 지키고 나눠요.

호랑이강낭콩, 푸른독새기콩, 선비잡이콩을 아시나요?

호랑이무늬를 닮아서 호랑이강낭콩, 독새기(달걀의 제주 사투리)를 닮아서 푸른독새기콩, 콩 껍질에 있는 검은 반점이 마치 선비가 먹물 묻은 손으로 콩을 잡아서 생긴 반점 같다고 선비잡이콩이라고 불렀다고 합니다.

이렇게 토종 씨앗은 지역에 따라, 생긴 모양에 따라 수십 수백 가지의 이름으로 우리 할머니의 할머니 때부터 심겨 왔습니다. 우리 할머니들은 가을걷이가 끝나고 나면 그해 거둔 것 중 모양과 색깔이 가장 좋은 씨앗을 골라 내년 농사를 위해 보관하는 일을 중요하게 여겼답니다. 또한 이웃과 함께 서로서로 잘 자란 씨앗을 나누었답니다. 이렇게 씨앗은 농민들에게 없어서는 안 될 귀중하고 소중한 존재였습니다.

하지만 이제 농업을 생명의 가치로 보지 않고 돈벌이로 보기 시작하면서 생산자는 토종 씨앗은 상품 가치가 없다고 심으려 하지 않고, 소비자도 모양이나 때깔이 안 좋다고 찾지 않아 인기가 없습니다. 대부분의 농민들이 씨앗이나 모종을 사서 심고 있는 현실에서 이미 우리 손을 떠나 종자 선택권에 대해서도 문제로 인식하지 못하는 것 같아 안타깝습니다.

농민이 자기가 심을 씨앗을 가지지 못하면, 종자대란이라는 피할 수 없는 상황이 반드시 올 것입니다.

씨앗에서부터 밥상까지 다국적 씨앗 회사의 손 아래 놓여 있는 현실에서 우리 농민들에게는 지속적인 농업 생산을 위해, 소비자들에게는 건강하고 안전한 먹을거리를 위해 이제 우리는 한걸음을 내딛어야 할 때입니다. 그 시작이 토종 씨앗을 지키는 일이라고 생각합니다.

때마침 책속물고기에서 토종 씨앗을 다룬 책『씨앗이 있어야 우리가 살아요』가 나온다는 소식을 접하니 참 기쁘고 고마운 마음입니다. 이 책을 통해서 토종 씨앗의 소중함에 대해 더 많은 사람들이 느끼고, 함께 지켜나가는 데 힘을 모으는 토종 씨앗 지킴이의 좋은 길잡이가 되길 바랍니다. 전국여성농민회총연합도 토종 씨앗의 중요성을 알리고 지켜 나가기 위해 계속 힘을 모으겠습니다.

✔ 전국여성농민회총연합

씨앗은 모든 생명의 시작이에요.

반다나 시바는 인도에서 '나브다냐 운동(Navdanya, 다양한 종류의 식물들을 지키고 농민들이 씨앗을 보존하고 서로 공유하게 하자는 운동)'으로 너무나 유명한 여성입니다. 마을 숲에서 나무가 잘려 나가는 것을 슬퍼하고, 농부들의 씨앗이 거대한 씨앗 회사에 팔려 나가는 것에 아파하며, 우리 아이들의 미래를 걱정할 줄 아는 마음씨 착한 물리학자이지요. 씨앗은 반다나 시바같은 착한 마음을 가진 농부들 덕분에 수천 년 동안 지켜져 내려왔습니다. 씨앗은 지구상에 사는 모든 생명의 시작이자 근원입니다. 씨앗은 다시 밭에 뿌려질 새로운 씨앗으로 갈무리되기도 하지만, 대부분은 음식으로 변신해 우리 밥상에 오릅니다. 우리의 몸을 이루고, 생각을 만들어 내는 양분들이 씨앗에 담기고, 농부들 손으로 수천 년 넘게 대물림되어, 지금 우리가 이 땅 위에서 행복한 삶을 살아갈 수 있는 것입니다.

하지만 지금 씨앗이 위험합니다. 씨앗 회사들은 씨앗을 팔아 돈을 벌기 위해 씨앗에 살충제를 묻혀서 벌레가 먹지 않게 해서 팔고, 유전자가 조작된 GMO 씨앗을 만들어서 우리 밥상은 돌이킬 수 없게 오염이 되고 말았습니다.

반다나 시바는 이 한 권의 책을 통해, 우리 아이들의 미래를 지키기 위해 지금 우리가 해야 할 일이 무엇인지 명확하게 이야기하고 있습니다. 우리 힘으로 씨앗을 지키고, 서로 나누는 일이야말로 지구상에 사는 모든 생명체를 돕는 일임을 다시 한 번 일깨워 주고 있습니다.

♥ 오도 (홍성 씨앗도서관 대표)

- 반다나 시바가 들려주는 씨앗 이야기 -

♥ 우리 모두에게 다가온 위험

▲ 반다나 시바

어릴 때 나는 물리학을 무척 좋아했고, 어른이 되면 꼭 물리학자가 될 거라고 다짐했어요. 나는 그 꿈을 이뤘어요. 열심히 공부해서 인도에서 가장 좋은 대학들을 다니며 물리학을 전공했지요. 관심이 있던 핵물리학을 깊이 공부하려고 캐나다로 유학도 갔고요. 하지만 의사였던 언니 미라가 핵물리학은 위험하다고 충고했어요. 나는 언니의 충고를 받아들여서 핵물리학 공부는 그만두고 이론물리학에 열중했어요.

캐나다에서 돌아올 때마다 내가 나고 자란 히말라야 산맥을 돌아보곤 했어요. 그런데 내가 기억하는 울창한 숲과 강이 많이 사라지고, 그 자리에 댐과 고속도로들이 자꾸 들어섰어요. 한 떡갈나무 숲은 숲 전체가 망가져 있기도 했는데, 사과를 대량으로 생산할 큰 농장을 만든다더군요. 큰돈을 벌려고요. 떡갈나무가 쓸모없어 보였나

봐요. 그런데 그거 아세요? 떡갈나무 숲은 장마철 폭우가 내릴 때 빗물을 흡수했다가 조금씩 흘려보내는 역할을 해서 홍수도 막아 주고, 가뭄도 막아 줘요. 쓸모없는 나무가 아니라고요.

그 충격적인 장면을 본 나는 가만히 있을 수 없었어요. 숲과 나무를 지키기 위해 무엇이든 해야 했어요. 1970년대 인도는 새로 길을 내고 댐을 만든다면서 숲을 마구 해치고  있었어요. 숲이 사라지자 산이 무너지고 사람들의 삶도 무너졌지요. 그때 오랫동안 지켜 온 마을 숲을 위해 사람들이 나섰어요. 마을의 여성 농민들은 나무를 베러 오는 사람들에 맞섰어요. 어떻게 맞섰냐고요? 나무를 꼭 끌어안은 거예요. 도끼와 톱을 들고 숲에 온 사람들은 차마 이 나무들을 베지 못했지요. 이렇게 나무를 끌어안아 숲을 지키는 운동이 시작되었어요. 이 운동을 '칩코 운동'이라고 하는데, 칩코(chipko)는 끌어안는다는 뜻의 인도 말이에요.

나는 친구들과 함께 이 칩코 운동을 널리 알리기로 했어요. 마을과 숲을 지키려는 농민들과 함께 우리는 숲과 나무가 얼마나 중요한지 모두에게 알렸어요. 그래서 1981년에는 인도 정부에서도 칩코 운동이 어떤 의미를 갖고 있는 것인지 알게 됐어요. 숲이 생산하는 정말 중요한 것은 목재나 송진, 혹은 숲을 파헤쳐 버는 돈이 아니라 토양과 물, 맑은 공기라는 게 칩코 운동의 생각이었거든요. 그래

서 히말라야에서 1,000미터 고도 이상에 있는 나무들은 함부로 베지 못하도록 조치가 내려졌지요.

히말라야 산맥의 숲에서 자라면서도 숲의 중요성에 대해 몰랐던 나는 칩코 운동을 통해 환경이 얼마나 중요한지 알게 되었어요. 그리고 환경이 파괴되는 것과 가난한 사람의 수가 늘어나는 현상이 관계가 있다는 것도 분명히 알게 되었지요. 나에게 칩코 운동은 생태학 수업과 같은 것이었고, 이 운동에 참여하는 여성 농민들이 선생님이었던 셈이에요. 칩코 운동의 목적은 울창한 숲이 늘 그랬듯이 자연과 사람들의 삶에 도움을 주도록 하는 것이었어요. 그래서 숲을 지키는 것이 중요하다는 것을 알리고요. 울창한 숲이 돈을 만드는 도구가 되는 것을 막고 싶었던 거예요.

숲과 칩코 운동의 여성들은 생물다양성, 즉 자연환경 속에서 수많은 종류의 생명체들이 함께 사는 일이 얼마나 소중한지 가르쳐 주었어요. 자연 그대로의 숲에는 수많은 종류  의 나무와 식물이 살고 있어요. 하지만 사람들은 돈을 벌겠다는 마음만 가지고 '돈을 버는 데 쓸데없다'고 생각되는 식물들은 모두 없애거나 팔았어요. 그리고 그 자리에는 돈을 많이 벌 수 있는 식물 몇 가지만 골라서 심은 가짜 숲을 만들었어요. 왜 그렇게 하는 걸까요?

욕심에 눈이 멀어서 생명의 중요성을 잊고 돈을 버는 데만 매달리기 때문이에요. 욕심에 눈이 먼 나머지 돈이 되지 않는다면 수백 년 자란 떡갈나무도 밭에 난 잡초를 뽑아내듯 없애고 싶은 것이겠지요.

돈을 버는 일에만 관심이 있는 사람들에게는 있는 그대로의 숲이 이것저것 뒤섞인 '잡초'나 '쓰레기'로만 보일지도 몰라요. 하지만 자연의 조화와 땅, 그리고 그 땅에 사는 사람들의 권리를 존중하는 입장에서 생각하면 숲은 다양한 생명의 풍요로움 그 자체예요. 숲이 지역 문화의 중요한 부분이 되기도 하고요.

상업적인, 즉 돈을 벌기 위해 만든 가짜 숲은 숲의 전체적인 가치는 상관하지 않아요. 숲이 아니라 숲에서 베어 낸 나무를 얼마에 팔 수 있을까만 생각하지요.

숲에 대해 이렇게 다른 생각을 가지고 있었던 것이 얼마 지나지 않아 농업에까지 이어졌어요. 숲에서 농업으로 눈을 돌린 사람들이 옥수수, 콩, 밀, 쌀 등 세계적으로 널리 팔 수 있는 몇 안 되는 작물들을 대량으로 재배하기 위해서 아주아주 넓은 땅을 사들였어요. 그리고 여기에 '녹색 혁명'이라는 그럴싸한 이름을 붙였어요.

이렇게 대량으로 팔고 싶다는 마음이 키져 상업적인 목적이 강해지다 보니 시장에서 조금씩 팔았던 식물들은 중요하지 않게 됐어요.

예를 들어 나무 그루터기는 시골에서 사람들이 오두막을 지을 때도 사용하고, 동물들의 먹이가 되기도 해요. 토양에 영양을 잘 공급해 줘서 흙을 다시 기름지게 만드는 데도 도움이 되고요. 이렇게 유용한 그루터기를 이제 '쓰레기' 취급을 하기 시작한 거예요. 자연과 사람들에게 진짜로 필요한 것이 무엇인지 몰랐던 이들 때문에 필요했던 것들은 쓰레기로 버려졌고, 사람들의 삶뿐만 아니라 심지어 토양까지도 메말라 갔어요. 욕심 없이 살았던 사람들은 최소한의 음식을 사려고 해도 빚을 지게 되었어요. 농사를 지을 땅은 메말랐고, 먹을 것은 시장에서 돈을 내고 사야 하니까요.

그 결과 오늘날 쌀, 밀, 옥수수, 콩, 사탕수수 등 고작해야 몇 가지 작물만 상품으로 재배해서 세계 시장에서 팔리고 있어요. 원래 사람들이 먹었던 작물이 무려 8,500가지나 됐다는 것을 생각해 보세요. 그 몇 가지 작물들이 더 뛰어나서 값어치를 인정받은 것이 아니라 다른 작물들이 거의 다 멸종되다시피 한 거예요. 수많은 작물들을 생산하며 자연의 생물다양성을 보존하는 데 한몫하던 '농사일'이 '단일 경작', 즉 여러 농경지에서 한 종류의 작물만 생산하는 방식을 이용하는 '산업'이 됐어요. 이렇게 산업화된 농업은 다양한 농산물의 가치도, 동물이나 기타 여러 식물들의 가치도 인정하지 않아요. 이익에만 눈이

멀어 대대로 지켜 온 농사 방법을 모른 체하고 수많은 씨앗들을 쓰레기처럼 내다 버린 셈이에요.

나는 캐나다에서 공부를 마치고 조국인 인도에 대해 제대로 알고 싶고, 또 인도 사회에 보탬이 되고 싶어서 인도로 돌아왔어요. 무엇보다 사람과 환경에게 이로운 과학 연구를 하는 것이 더 좋았기 때문에 외국에서 쌓은 경력은 포기해도 상관없었지요.

1980년, 인도 중부 방갈로르에서 연구원으로 일할 때였어요. 다양한 작물을 심었던 그 지역 농경지들이 아주 빠르게 유칼립투스 농장으로 바뀌고 있다는 것을 알게 됐어요. 왜 그런 현상이 발생하는 것인지 알아보니, 세계은행(World Bank: 경제적으로 어려움에 처한 국가들을 돕는 은행)에서 펄프(종이, 셀로판지, 섬유 등의 원료)를 생산하기 위해 유칼립투스 농장에 자금을 대고 있었던 거예요.

1984년, 인도 보팔에서는 끔찍한 사건이 벌어졌어요. 유니온 카바이드라는 회사가 만든 농약 생산 공장에서 일어난 일이지요. 농약 공장에서 사고가 나서 아주 해로운 유독가스가 새어 나왔어요. 이 사고로 수천 명이 죽고, 수백만 마리의 동물들이 심각한 병에 걸렸지요. 대규모로 농사를 짓는 '녹색 혁명'을 위해 만들던 농약이었는데 말이에요. 저는 물론, 다른 사람들도 어째서 녹색 혁명이라는 것이 이렇게 무서운 일을 만들었는지 의아했어요. 녹색 혁명은 넓은 초원이나 숲을 밭으로 만들어 산업 작물을 대규모로 경작했고, 물고기나 동물들도 대량으로 사육했어요. 대규모 농업을 하는 사람들은 이렇게 하는 것이 더 많은 식량을 생산해서 배고픔과 가난의 문제를 해결할 수 있다고 주장했지요. 하지만 실제로 단일 경작 방법의 생산량은 여러 품종을 심는 다품종 경작 방법보다 오히려 더 적었어요. 게다가 단일 경작은 더 많은 자원을 사용하면서 환경을 파괴하고 사람들을 가난하게 만들어요.

나는 '씨앗의 자유'라는 단체를 통해 투쟁을 시작했어요. 투쟁을 시작했다는 게 무슨 말이냐고요? 잘 들어 보세요. 씨앗 회사들을 대표하는 사람들이 자기들의 목표를 발표했 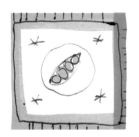 어요. 농작물의 유전자를 변형해 '새로운 생물'이라고 정의하고, 생물을 무슨 발명품인 것처럼 특허를 내서 씨앗과 식물, 심지어 그 생명의 형태에 대한 소유권을 갖겠다고 했지요. 다국적 기업(여러 나라에 회사를 두고 세계적 규모로 운영하는 대기업)들이 씨앗을 두고 소유권을 주장하려면 국제 조약을 통해 특허를 얻어야만 해요. 그래서 생명의 형태에 대한 특허 문제가 세계무역기구(WTO: 무역 분쟁, 관세 등의 문제를 해결하는 국제기구)와의 협약 내용에 포함됐지요.

씨앗을 팔아서 돈을 벌어야 하는 다국적 씨앗 회사들의 입장에서

 보면, 스스로 씨앗을 보존하고 이웃과 교환하는 농민들이 걸림돌처럼 느껴지겠지요. 그래서 씨앗 회사들은 씨앗에 관한 농민들의 권리를 빼앗고 공짜로 씨앗을 사용하지 못하도록 하고 싶었어요. 농민들을 자기들이 발명한 씨앗의 노예로 만들려는 것이었지요. 그리고 독재자처럼, 폭군처럼 농민들을 괴롭히려고요.

씨앗 독재는 일단 특허권을 통해 시작돼요. 다국적 기업들이 씨앗을 자기들의 '지적 재산'으로 등록해서 농민들이 자유롭게 이용하지 못하게 하는 거예요. 씨앗에 허가권과 등록의 의무를 부여해서 농민들이 씨앗을 교배하거나 농민들끼리 씨앗을 교환하는 것을 불법으로 간주하는 법률을 만들었어요. 그리고 생산량이 많아지도록 씨앗을 유전적으로 변형해서 농민들이 그 씨앗을 계속 사고 싶게끔 만들었지요.

♥ 우리 모두에게 다가온 위험

　내가 살아 있는 모든 종의 가치를 보호하
려고 안간힘을 쓰게 된 것은 여러 생명들
과 씨앗, 그리고 다양한 식물들이 다국적
씨앗 회사들의 '발명'에 밀려 보잘것없는
것이 되었기 때문이에요. 그것도 모자라 씨
앗이 씨앗 회사의 소유물이 되어 그들의 말 한마디면 생명력을 잃
을 수도 있게 된 것이 견딜 수 없었답니다. 그뿐이 아니에요. 씨앗
이 '지적 재산' 취급을 받으면서부터 모든 농민들이 늘 해 왔던 '씨
앗을 보관하거나 교환을 하는 행동'이 지적 재산을 도둑질하는 행
동이 되어 버렸잖아요. 원래 이 땅의 모든 씨앗을 보존하는 것이 우
리 인류의 의무였는데, 그것이 한순간에 범죄가 된 거예요. 그래서
나는 다양한 종류의 식물들을 지키고 농민들이 씨앗을 보존하고 서
로 공유하게 하자는 '나브다냐(Navdanya, 아홉 개의 씨앗이라는 뜻) 운동'
을 시작했어요. 시작한 지 얼마 되지 않아 나브다냐는 110개가 넘는
'씨앗은행'을 만들었고, 이 은행들을 통해 나브다냐 연합에 가입한
65만 명의 회원들이 씨앗을 보유하고 서로 자유롭게 교환할 수 있
게 되었지요.

 우리는 씨앗이 하나둘 사라지도록 내버려 둘 수 없었어요. 그래서 인도 토종 씨앗을 찾아 모았고, 잊힌 음식과 인도에서 자란 전통 곡물을 이용한 요리를 되살렸어요. 그 결과 우리가 대대로 지켜 온 토종 작물이 세계적인 거대 산업이 만들어 낸 작물보다 훨씬 우리 몸에 유익한 영양소를 공급한다는 사실이 알려지기 시작했지요. 그리고 우리가 기르는 농작물은 농사를 지을 때도 그다지 많은 것들이 필요하지 않아요. 예를 들어 화학 비료와 농약을 사용해서 대규모로 경작하는 쌀은 1년에 2,500밀리미터의 빗물이 필요하지만, 농민들이 대대로 이어 온 농사법으로 재배한 토종 쌀은 200~300밀리미터 정도면 충분해요. 토종 쌀을 기르면 물이 부족할 때도 아무 걱정 없는 거예요! 사용할 수 있는 물이 적은 양으로 한정되어 있다면 기장과 같은 곡물은 무려 400배나 되는 양을 수확할 수 있어요. 농약을 사용하는 작물이 1명을 구할 때, 토종 작물로는 400명을 구할 수 있는 거예요! 사라져 가는 토종 작물들이 사실 미래의 식량이자 희망이에요. 농민들의 씨앗이 바로 미래인 것이지요.

농민들에게 씨앗은 단순히 지금 당장 먹을 수 있는 식량 이상의 의미가 있어요. 농민들이 대대로 지켜 온 씨앗은 한 민족의 역사의

일부분이고 우리를 안심시켜 주는 보물이에요. 씨앗이 있으면 적어
도 굶어 죽지는 않을 테니까요.

농민들이 아무렇게나 씨앗을 교환하는 것 같지만 언제나 공정해
요. 내가 여러분께 이것을 주면, 여러분은 나에게 저것을 주는 거죠.
남보다 더 많은 이익을 얻는 사람도, 더 많은 것을 잃는 사람도 없어
요. 씨앗을 나누는 것은 서로를 돕는 일이에요.

농민들이 씨앗만 나누는 것은 아니에요. 농
사에 대한 새로운 아이디어를 교환하기도 하
고 충고와 조언도 해요. 각자 자신의 논과 밭
을 가꾸면서 알게 된 것을 다른 사람들에게
말해 줘요. 새로운 요리법도 나누고, 식물에 생긴 병을 고치는 방법
이나 가뭄이 들었을 때 식물을 살리는 방법도 공유해요. 이렇듯 씨
앗을 나누면서 입에서 입으로 전해져 온 조상들의 농경 문화도 이
어 가는 거예요.

우리가 하고 있는 운동의 이름인 '나브다냐'는 '아홉 개의 씨앗'이
라는 뜻 외에 '새로운 선물'이라는 의미도 담고 있어요. 흙에도 돈을
쏟아 부어야만 무엇인가를 얻을 수 있을 것 같은 세상에서 흙이 우

리에게 생명과 자원을 선물하고 있다는 것을 알려요. 아홉 개의 씨앗은 힌두 점성술에 나오는 '아홉 개의 행성'을 의미하기도 해요. 한번은 인도 남부 타밀나두 지역에 씨앗을 수집하러 간 적이 있는데, 거기서 만난 어느 농민이 이런 이야기를 해 주더군요. 밭에서 자라는 씨앗들이 균형을 이루도록 지키고 보호하면 땅과 우리 몸의 건강이 회복되는데, 이것은 우주의 균형을 지키는 것과 비슷하다고 말이에요.

인도 남부에서 나브다냐, 즉 '아홉 개의 씨앗'은 이런 의미를 갖고 있어요.

보리	녹두	쌀	기장
★	★	★	★
태양	수성	금성	달

완두	병아리콩	참깨	말콩	검은콩
★	★	★	★	★
화성	목성	토성	남쪽 달의 교점	북쪽 달의 교점

*교점: 하늘에서 태양이 지나는 길과 달이 지나는 길이 만나는 부분.

단일 경작을 바탕으로 하는 산업화 농업을 지지하는 사람들은 단일 경작 농법이 더 많은 식량을 생산해 돈을 더 많이 벌 수 있다고 주장해요. 하지만 그렇지 않아요. 우리는 '바라나자(baranaja)'라고 하는 열두 가지 씨앗(메밀과 야생 콩 등의 곡물)을 이용한 농사법으로 옥수수만 심어 농사를 지을 때보다 두 배, 세 배로 수확물을 얻을 수 있었어요.

우리 활동은 무엇보다 우리 전통의 일부인 소중한 쌀을 보호하는 거예요. 실제로 요즘 인도 토종 바스마티 쌀(basmati: 낟알이 길고 향내가 나는 인도 쌀 품종)이 '맛의 방주'에 등재되어 관심을 받고 있어요. (맛의 방주는 인류가 반드시 지켜야 할 음식들을 찾아서 지키는 운동이에요.) 바스마티 쌀 이외에도 우리가 찾아낸 3,000종 이상의 쌀 중 30종 이상이 각자의 독특한 맛을 지닌 향기로운 쌀들이에요.

1999년 무시무시한 태풍이 인도 동부의 오리사를 강타했어요. 3만 명의 목숨을 빼앗은 끔찍한 일이었지만 우리는 소금물에 강한 토종 씨앗들을 찾아서 오리사 농민들에게 나눠 주었어요. 그 씨앗들 덕분에 농  민들은 바닷물이 휩쓸고 간 바로 그곳에서 다시 일어설 수 있었죠. 2004년 쓰나미가 휩쓸고 지나간 후에도 나브다냐는 소금물에 강한 그 씨앗들을 나눠 주었어요. 쓰나미는 해저 지진이 만든 엄청난 파

 도를 몰고 와 드넓은 논밭을 인도양의 바닷
물로 뒤덮어 버렸거든요.

　지금 우리는 농민들이 대대로 지켜 온 토
종 씨앗들을 모아 '씨앗은행'을 만드는 일에
열중하고 있어요. 우리는 이 씨앗들을 '희망의 씨앗'이라고 부른답
니다. 앞으로 이 씨앗들이 기후 변화에 대비할 수 있도록 도와줄 거
예요. 우리는 씨앗은행에 씨앗을 모아서 보관하고 그 수를 늘린 다
음, 가뭄이나 홍수, 태풍 등의 자연재해를 극복해야 하는 곳에 나눠
줄 겁니다. 농민들은 소금기에 강한 씨앗, 물이 부족해도 잘 자라는
씨앗, 반대로 물이 너무 많은 곳에서도 버틸 수 있는 씨앗들을 잘 알
고 농사법도 잘 알고 있어요. 솔직히 내가 보기에는 대학에서 유전
공학을 공부한 사람들보다 경험 많은 농민들이 훨씬 더 능력 있고
앞선 전문가 같아요.

　유전공학은 과학적인 이론으로 환경에 강하고 열매를 많이 맺는
씨앗을 만들 수 있다고 말해요. 하지만 홍수와 가뭄이 번갈아 찾아
오고 예상치 못한 쓰나미가 일어나는 등 요즘처럼 기후의 변화가
심한 상황을 감당할 수준에는 이르지 못했어요.

　그리고 어떤 경우에는 유전공학이 수많은 사람들에게 피해를 주
기도 하지요. 최근 인도 정부에서도 확인한 내용인데요, 유전자를
변형한 면을 경작하기 시작하면서부터 수십만 명의 농민들이 빚더

미에 올라앉았대요. 무슨 빚이냐고요? 다국적 씨앗 회사가 수확량이 많다고 선전한 값비싼 씨앗을 사려고 얻은 빚이지요. 조사했더니 특히 유전자를 변형한 면화가 많이 사용된 지역에 빚 때문에 괴로워하는 농민들이 많은 것으로 나타났어요. 씨앗 회사는 부자가 되게 해 주겠다고 약속했지만, 이 유전자 변형 씨앗들은 농민들에게 아픔을 준 거예요.

나는 씨앗을 지킬 방법을 고민하다가 간디의 물레를 떠올렸어요. 인도의 위대한 정치가인 간디에게 물레는 대영제국에 맞서는 무기였어요. 실을 뽑는 물레가 어떻게 무기가 되냐고요? 인도 사람들이 영국 공장에서 만든 천을 사지 않고, 직접 물레를 돌려 실을 뽑고 천을 만들어 쓰기 시작했거든요. 물레는 자유와 독립을 되찾기 위한 중요한 수단이었답니다. 간디의 영향을 받은 또 한 가지는 간디가 소금에 관한 법에 반대하며 내세운 비폭력 불복종이에요. 대영제국이 인도산 소금을 독점하려 하자 간디는 해변에서 소금을 모으며 이렇게 말했죠. '소금을 수확하는 것은 우리의 자연스러운 권리다. 소금은 자연이 우리에게 준 것이고, 우리가 살려면 소금이 필요하니 앞으로도 계속 수확할 것이다. 우리는 당신들의 법에 따르지 않을 것이다.' 이렇게 평화적인 운동을 사티아그라하(satyagraha)라고 불러요. 그래서 우리도 '씨앗의 사티아그라하' 운동을 시작했어요. 농민들이 씨앗을 보관하고 교환하는 것을 금지하는 법에 시민들이 복종하지 않겠다는 뜻을 전하는 운동이었지요. 씨앗을 나눌 자유는 소금을 수확하는 것과 똑같이 우리가 당연히 누려야 하는 권리랍니다.

 개인이나 기업이 물이나 공기 같은 이 땅의 자원을 독점하도록 내버려 두면, 땅과 인간의 권리가 침해되고, 그 결과 사회와 환경에 심각한 영향을 끼쳐요. 땅은 우리에게 소중한 선물을 주고, 우리는 그 선물을 다른 사람들과 나누면서 욕심 없이 현명하게 사용해야 해요. 그리고 자연에게 그대로 돌려주어야 하지요. 그러면 우리 후손이 또 자연에게서 선물을 받을 수 있어요. 개인이나 기업이 특허권을 이용해서 어떤 생명을 점령하거나 물의 소유권을 독점해 돈을 받고 파는 일이 내 눈에는 인류가 앞으로 나아가지 못하고 뒷걸음질 치는 것으로 보였어요. 더 나아지는 것이 아니라 최악의 길로 추락하는 것이었지요. 그래서 저는 몇몇 사람들이 인류 전체의 소유인 재산들을 장악하려 하는 행동에 맞서 싸워야 한다고 생각해요.

나브다냐에서는 님 나무나 바스마티 쌀, 밀과 같은 식물에 특허권

을 설정하는 '생물 해적질'에 반대해요. '생
물 해적질'이라고 부르는 이유는 다국적
기업들이 정말 해적들처럼 어느 한곳에 가
면 그곳 주민들의 자원과 지식을 약탈하기
때문이에요. 돈 버는 것에만 관심이 있는
회사들이 갠지스 강물의 판매권을 독점하지 못하도록 우리가 싸우
고 있는 것도 그 때문이고요. 우리는 씨앗과 음식, 물, 땅, 그리고 숲
에 대한 우리의 권리를 지키고 있는 거예요. 우리는 일상생활 속에
서 우리 모두의 자유와 민주주의가 지켜지기를 바랄 뿐이랍니다.

씨앗의 목소리

"씨앗을 안전하게 지켜라!"

인도 농민들이 대대로 이어 온 지식에 의하면, 씨앗을 안전하게 보관하려면
적어도 세 가지 방법으로 보관해야 한다고 해요. 그럼 적어도 세 가지 방법 중
한 가지 방법으로 보관한 씨앗은 제 역할을 할 수 있다는 거죠. 인도 농민들은
씨앗을 셋으로 나누어 금속으로 만든 상자, 잿더미, 삼베 자루에 보관했답니
다.

1. 다음 생명을 품은 씨앗

앞에서 말한 것처럼, 씨앗은 모든 생명의 시작이자 근원이에요. 씨앗은 생명이 다양한 환경 속에서 스스로를 어떻게 지켜 왔는지를 보여 주지요. 수백만 년 동안 씨앗은 자연 속에서 진화했어요. 아주 조금씩 식물은 강해졌고 자연환경에 맞게 적응해 왔어요. 수천 년, 수만 년 동안 농민들이 자연에 적응하며 농사를 지은 것처럼 씨앗들도 자연에 적응했어요. 우리는 이 씨앗들이 스스로 진화를 계속할 수 있는 능력을 갖고 있어서 앞으로도 또 다른 특성을 지니게 될 거라는 사실을 알고 있어요. 결국 하나의 씨앗 속에는 과거와 미래가 모두 담겨 있는 것이지요.

씨앗은 아무도 없는 곳에서 혼자 살지 않아요. 씨앗은 자신이 태어난 곳과 다른 생명체들과의 관계, 예를 들면 벌이나 나비와 맺은 관계를 기억하고 있어요. 씨앗이 피운 꽃들은 벌과 나비에게 꿀과 꽃가루를 주고, 벌과 나비는 이 꽃가루를 다른 씨앗에서 핀 꽃에 옮겨 줘요. 이 꽃가루로 식물은 번식을 해요. 새로운 씨앗이 만들어지는 거지요. 꽃에서 씨앗이 만들어지고, 이 씨앗이 꽃을 피우고, 계절

과 계절을 보내고, 한 해 또 한 해를 보내면서 새로운 식물로 자라요. 그래서 인도에서는 씨앗을 뿌릴 때 '이 씨앗이 지지치 않게 하소서.'라고 기도한답니다.

씨앗과 씨앗을 둘러싼 것들의 관계는 생각보다 훨씬 복잡해요. 땅속에 살고 있는 아주 작은 유기물들은 씨앗에 영양을 공급해 튼튼한 식물로 자랄 수 있게 해 줘요. 한편 이 유기물들도 씨앗과 식물에서 생산된 물질을 영양분으로 삼아 살아가요. 서로 돕는 거지요.

그러니까 씨앗은 식량과 살아 있는 생명체의 생존을 이어 주는 사슬의 첫 번째 고리예요. 그러니까 우리는 씨앗을 보호해서 우리 아이들과 손자들에게 귀한 유산처럼 물려주고, 서로의 씨앗을 자유롭게 교환할 수 있도록 해 줘야 한답니다.

씨앗은 다 똑같지 않아요. 종류가 무척 다양해요. 농민들이 보관하고 있는 씨앗은 선택된 거예요. 즉, 좋은 씨앗이기 때문에 선택되고 대대로 전해질 수 있는 거지요. 이런 씨앗을 '토착종', '재래종', 혹은 '유전 씨앗'이라고 불러요. 어떤 씨앗을 농민들이 선택해서 50년 이상 심고 거두기를 반복하면 이 지역의 유산으로 볼 수 있어요. 이

'토착종'은 '방임 수분'이라고 하는 작용의 결실로 만들어지는 거예요. '방임 수분'이란 자연 상태에서 바람과 벌, 나비들의 도움으로 꽃가루가 옮겨져 번식하는 것을 말해요. 꽃가루가 옮겨지면 열매를 맺고, 새로운 씨앗이 생겨요!

 씨앗이 어떻게 생기는지 좀 더 자세히 알아볼까요? 식물들은 대개 두 가지 방법으로 꽃가루가 옮겨져 번식을 해요. 꽃 한 송이 안에 암술과 수술이 모두 있는 꽃을 '갖춘꽃'이라고 하는데요, 갖춘꽃은 수술의 꽃가루가 암술에 묻으면 바로 번식할 수 있어요. 바람에 꽃이 흔들려서 수술의 꽃가루가 암술에 묻기만 해도 되는 거지요. 벌이 꽃에 앉아서 수술을 흔들어 줘도 되고요. 이런 번식 방법을 '자가 수분'이라고 해요. 고추와 토마토가 갖춘꽃 식물이에요.

 한편 암술과 수술이 서로 다른 꽃에 피는 식물도 있어요. 이런 꽃을 '안갖춘꽃'이라고 해요. 수술의 꽃가루가 암술에 묻으려면 벌이나 나비가 꼭 필요하지요. 벌이 수꽃에 앉았다가 암꽃에 앉으면 수꽃에 있던 꽃가루를 암꽃에 옮겨 줄 수 있어요. 만약 벌이나 나비가 없다면 사람이 대신 꽃가루를 옮겨 주기도 해요. 이런 번식 방법을 '타가 수분'이라고 해요. 호박과 오이가 이렇게 번식을 해요.

사람의 손으로 수정을 해 줄 수 있다는 점을 이용해 원하는 특성을 가진 '잡종 씨앗(F1 씨앗)'을 만들 수도 있어요. 예를 들어 아주 맛있으면서 열매가 많이 달리는 수박을 수확하고 싶다고 생각해 보세요. 어떻게 하면 그런 수박을 얻을 수 있을까요? 먼저 맛이 좋은 수박 품종과 열매가 많이 달리는 수박 품종을 심어요. 그런 다음 맛이 좋은 열매가 달리는 품종의 수박꽃 수술에서 꽃가루를 덜어와 열매가 많이 열리는 특징을 지닌 다른 품종의 수박꽃 암술에 묻혀요. 그러면 여기에서 수박이 무럭무럭 자랄 거예요. 이 수박이 중요한 씨앗을 품고 있어요. 이 씨앗을 심으면 최고의 맛을 자랑하는 수박이 주렁주렁 열리는 거예요. 원하던 대로 말이에요. 그러면 이 맛 좋은 수박에서 새로 씨앗을 받아 심으면 똑같이 맛 좋은 수박이 주렁주렁 많이 열릴까요? 안타깝지만 그렇지 않답니다. 잡종 씨앗은 처음에 심은 두 가지 품종 중 하나와 똑같은 식물로 자라요. 이 경우, 맛이 좋은 수박이 자라거나 열매가 많이 열리는 품종으로 자라요.

보통은 씨앗 가게에서 이렇게 좋은 특성을 모아 만든 잡종 씨앗을 팔아요. 이런 씨앗을 사서 심는다면 맛 좋은 열매를 많이 수확할 수 있겠지요. 하지만 앞에서 말했듯이 잡종 씨앗은 토종 씨앗처럼 자손에게 자신의 특징을 그대로 물려줄 수 없어요. 같은 수확물을 얻을

수 없는 거지요. 만약 잡종 씨앗과 같은 특징을 가진 수확물을 다음
해에도 얻고 싶다면 씨앗 가게에 가서 같은 잡종 씨앗을 또 사야만
해요. 열매에서 씨앗을 받는다 해도 같은 열매가 달리지 않는 일회
용 씨앗이니까요.

반대로 토종 씨앗은 열매에서 받은 씨앗을
심어도 똑같은 성질을 그대로 물려줄 수 있어
요. 계속 재생되는 자원인 거예요. 농민들은 보
통 수확 후에 씨앗을 잘 모아 두고 다음 농사철
에 사용해요. 토종 씨앗으로 농사를 지으면서
해충과 질병을 잘 이겨 내고, 가뭄과 폭우에 강
한, 더 나은 품종을 보존하지요. 이 씨앗들은 재
생만 되는 것이 아니라 엄청난 수로 늘어나요.
씨앗 하나를 심으면 수많은 열매가 열리고 그
안에서 씨앗 수십, 수백 개가 생기니까요. 수박
씨앗이나 참외, 고추의 씨앗을 생각해 봐요.

🌱 씨앗의 목소리

"좋은 씨앗을 잘 골라서 다음 해에 또 심어요."

여성 농민 권명순 씨는 전라북도 정읍에서 30년 넘게 농사를 짓고 있어요. 수수, 팥, 콩, 들깨, 마늘 등 토종 작물 여러 가지를 골고루 심어서 가족, 이웃과 함께 나눠 먹습니다.

그리고 다음 해에 심을 종자는 올해에 나온 작물 중에서 가장 좋은 것으로 골라서 준비한대요.

"좋은 놈으로 골라서 햇볕에 잘 말리면 다음 해에 심을 수 있어요. 우리 어머니는 꼭 항아리에 넣어 두셨는데, 나는 신문지나 자루에 잘 싸서 상자에 차곡차곡 보관해요. 내년에 심을 때 편하도록 심는 때가 비슷한 종자끼리 분류해서 상자에 넣어요. 옥수수나 마늘은 생긴 그대로 처마 밑에 걸어 두기도 하지요."

씨앗에 대해 알아볼까요? 1

지난여름 화단에 뱉은 수박씨에서 같은 수박이 열릴까?
– 우리가 씨앗을 잘 지켜야 하는 이유

달콤하고 시원한 수박을 먹다가 열린 창문 밖으로 수박씨를 뱉어 본 적이 있나요? 1층 화단에 떨어진 수박씨에서 싹이 난다면, 여기에서는 수박이 열릴까요? 열리지 않을까요?

정답은 '열릴 수도 있고, 열리지 않을 수도 있다'예요. 지난여름에 먹었던 수박이 어떤 수박이냐에 달렸거든요. 토종 씨앗에서 나온 수박이라면 화단에서 나온 수박에서도 같은 맛이 날 거고요, 일회용 잡종 씨앗에서 나왔던 수박이라면 지난여름에 먹었던 것과는 다른 맛의 수박이 나올 수 있어요. 어쩌면 아예 수박이 열리지 않을 수도 있지요. 우리가 토종 씨앗을 지켜야 하는 이유가 여기에 있어요. 일회용 잡종 씨앗이나 유전자를 변형한 씨앗은 한 번은 열매를 맺어도 거기에서 나온 씨앗은 다시 같은 열매를 맺기 힘듭니다.

2. 가난해진 농민들과 부자가 된 씨앗 회사

지구상에는 엄청나게 다양한 종류의 식물들이 있어요. 농민들은 여러 가지 씨앗 중에서 재배하고 싶은 씨앗을 선택해 심고 가꾸어 왔어요. 자신들이 사는 지역의 땅과 환경, 그리고 그 해의 날씨에 잘 맞는 씨앗들을 선택했던 것이지요. 이건 아주 자연스러운 일이에요. 그런데 '녹색 혁명'이라는 것이 갑자기 나타나 다양한 식물이 자라던 상황을 바꾸었어요. 녹색 혁명이란 품종 개량, 농약 등 새로운 농업 기술을 이용해 적은 종류의 식물을 대량으로 재배하는 것을 말해요. 녹색 혁명을 위해서는 대규모 단일 경작을 해야 했어요. 농민들이 직접 선택한 작물 대신 시장에서 팔기 위한 쌀과 밀, 옥수수가 땅을 차지하게 된 거예요. 그리고 시장에서 팔 만큼 많이 생산하려면 막대한 양의 화학 비료와 농약이 필요해요.

녹색 혁명 이전에 농민들은 식물과 동물이 균형을 이루는 농사를 지었고, 이 안에서는 새와 나비, 지렁이도 건강하게 살 수 있었어요. 하지만 녹색 혁명이 가져온 대규모 단일 경작법에 밀려 대대로 이어 온 농사법은 사라져 버렸고, 그 결과 농
민들이 지켜 온 문화와 전통도 사라졌어
요. 한때 전통 품종이었던 밀과 옥수수, 쌀
과 같은 품종이 이제는 독한 농약을 견딜
수 있는 품종들로 대체됐어요. 하지만 녹
색 혁명 뒤에도 식량과 사료의 생산량은 늘어나지 않았지요.

　인도에 있는 나브다냐 농장들은 전통적인 방법으로 인도 토종 품
종들을 재배했어요. 다양한 형태의 생명체들이 함께 사는 농장에서
는 농약 같은 이물질을 동원하지 않아도 충분한 양의 식량을 생산
할 수 있다는 것을 증명했지요. 작물들과 함께 자라는 여러 동식물
덕분에 기름진 땅이 되니까 화학 비료도 필요 없어요. 우리는 흙에
서 지렁이를 비롯해 유익한 미생물에게 영양을 공급하고 농장의 동
물들이 자라는 데 필요한 것과, 밭에서 농사를 짓고 가축을 기르는
사람들을 위한 식량과 최소한의 경비 마련을 위해 내다 팔 것만 수
확한답니다.

　하지만 산업화 농업이 이런 균형을 흔들어요. 산업화 농업은 상품
을 생산하기 위해 농약과 화학 비료가 필요한 활동이죠. 농업을 산
업화하려는 회사들은 대량 생산을 위해 씨앗을 만들어요. 열매가 많

이 달리도록 만들어진 잡종 종자도 있고, 유전자를 변형하거나 식물이 아닌 다른 생물의 유전자 조각을 집어넣어 만든 씨앗도 있어요. 바실러스 튜링겐시스(Bacillus thuringiensis)라는 살충 박테리아가 있는데,

이 박테리아의 유전자를 집어넣어 만든 Bt 옥수수가 대표적인 유전자 변형 식물이에요. 옥수수에 왜 박테리아를 넣느냐고요? 그 박테리아가 독을 내뿜어서 해충이 옥수수에 가까이 오지 못하게 한대요.

원래 농사일은 토양이나 새, 농촌과 주변 도시에 사는 사람들에게 영양을 공급해 왔는데, 이제 그런 일은 중요치 않아요. 풀과 해충을 죽이는 농약, 화학 비료를 사는 데 점점 더 많은 돈을 쓰고 있어요. 농작물이 생산지에서 바로 소비되지 않고 먼 곳에까지 판매되고요. 어떤 경우에는 지역 사람들이 먹지 않는 작물을 재배하기도 해요. 밀을 주식으로 먹는 사람들이 옥수수를 심는다든지 하는 식으로요. 많이 생산한다고 하는데 이상하게도 굶는 사람들의 수는 늘어나요. 먼 곳에 팔기 위한 농사를 지으면서 농작물의 영양가는 떨어지고 몸에 해로운 화학 물질로 가득해지고 있지요.

재배하는 농작물 품종의 75퍼센트가 감소한 것은 순전히 산업화 농업 때문이에요. 물과 땅이 오염되는 것도 그 때문이고요. 그 밖에도 산업화 농업은 지구 기후 변화의 주범이라고 추측되는 이산화탄소의 40퍼센트를 배출하고 있어요. 결국 산업화 농업은 인류는 물론이고 지구상에 사는 모든 생명에게 커다란 재앙인 셈이에요.

농사를 짓는 사람들과 자연환경은 빈곤해지지만 일회용인 잡종 씨앗과 화학 비료, 농약을 생산하는 사람들은 어마어마한 부자가 되고 있어요. 씨앗 회사는 씨앗을 많이 팔기 위해 새로운 씨앗도 많이 개발해요. 그런데 잡종 씨앗은 씨앗을 받아서 심어도 같은 열매를 맺지 않으니까 농부들은 계속 잡종 씨앗을 사야만 하지요. 씨앗 회사가 만들어 파는 씨앗 중에 터미네이터 씨앗이라고 불리는 씨앗도 있는데요, 이 씨앗은 열매에서 씨앗을 받아서 심어도 열매가 아예 열리지 않는다고 알려져 있어요.

앞에서도 말했지만 지구상의 생물들이 점점 줄고 있어요. 다양한 생물들이 모여 살아야 지구 생태계가 건강하게 유지되는데 말이에요. 오늘날 경작되는 식물의 종류는 150가지가 조금 넘는데, 사람들 대부분이 12가지가 채 되지 않는 작물로 배고픔을 면하고 있어요.

그중에서 가장 많이 재배되고 왕 노릇을 하
고 있는 작물은 밀과 쌀, 옥수수, 감자고요.
1959년 스리랑카에서 찾아볼 수 있는 쌀의
종류가 2,000가지나 됐는데 지금은 100가지
도 안 남았다는 점을 한번 생각해 보세요. 그
리고 미국에서 먹는 감자의 75퍼센트가 고작 4종류로만 이루어져
있답니다. 너무 단조로워진 거죠!

결국 농부들과 다국적 씨앗 회사들은 서로 다른 목표를 가지고 다
르게 행동하게 되었어요.

- 농부들은 다양한 품종을 얻기 위해 씨앗을 선택하고, 다국적 씨
  앗 회사들은 모든 씨앗과 모든 경작지를 똑같이 만들려고 해요.
- 농부들은 환경에 잘 맞고 더 강한 작물에서 씨앗을 선택하고, 다
  국적 씨앗 회사들은 금방 소모돼 버리는 씨앗을 만들려고 해요.
- 농부들은 맛도 좋고 영양가 높고 품질 좋은 식품을 만들려고 씨
  앗을 선택하는 반면, 다국적 씨앗 회사들은 산업에 이용할 수 있
  고 장거리로 운송할 수 있는 상품을 만드는 데 주력해요.

🌱 씨앗의 목소리

"잘 맞는 씨앗이 있어야 해요!"

인도 우타르프라데시 주의 나브다냐에서 일하는 프렘 씽 씨는 꼭 필요한 씨 앗에 대해 이렇게 말했어요.

"가뭄에 버틸 수 있는 씨앗을 정부가 제공해 주지 않기 때문에 씨앗은행은 아주 중요한 곳이에요. 씨앗이 없으면 온전하게 농사를 지을 수 없어요. 우리 지역에 잘 맞는 씨앗이어야 하지요. 정부가 공급하는 씨앗이나 씨앗 회사가 파는 씨앗들은 일곱 개의 관개 시설을 필요로 해요. 하지만 우리 지역에는 마 실 물조차 충분치 않답니다!"

신토불이, '농작물과 흙은 둘이 아니다'
- 우리 땅에 잘 맞아 병충해에 강한 토종 씨앗

신토불이란 우리 몸에는 우리 땅에서 난 농산물이 잘 맞는다는 뜻이지요. 씨앗도 마찬가지예요. 어떤 지역에서 오랫동안 이어져 내려온 토종 씨앗은 그 지역의 기후나 토질에 꼭 맞게 되어 있어요. 농부들이 대대로 심으면서 오랜 시간 동안 자연의 영향을 받아 체질이 다져진 토종 씨앗은 어떤 육종학자의 기술도 따라갈 수 없는 뛰어난 품종이 돼요. '바닷바람이 세니까 줄기를 튼튼히 해야지.', '비가 잘 안 오니까 뿌리에 힘을 키워야겠어!' 이렇게 씨앗 대대로 단련되는 것이지요. 사람들도 몸이 튼튼할 때 병균이 공격하기 쉽지 않듯이 튼튼하게 자라는 농작물은 병이나 해충에도 강하기 마련이지요. 그래서 우리 땅에서 잘 자랄 수 있는 토종 씨앗이라면 농약과 비료를 쓰지 않는 친환경 농법에 더 유리하답니다.

3. 씨앗이 사라지면 식량도 줄어요

씨앗을 연구하는 사람들이 소중히 기억하는 이름이 하나 있어요. 바로 러시아의 과학자 니콜라이 이바노비치 바빌로프(Nikolai Ivanovich Vavilov)랍니다. 바빌로프는 전 세계 곳곳을 다니며 씨앗을 연구한 사람이에요. 고대부터 농민들 손에 길들여진 씨앗들이 원산지에서 주변으로, 또 세계로 점점 퍼져 나갔을 거라고 생각해 여러 식물들의 원산지가 어디인지 확인하기 시작했대요.

예를 들어 인도는 거의 200만 종이 넘는 인도 쌀 산지의 중심이에요. 씨앗은행은 인도에서 재배되는 쌀들을 모아서 농민들에게 3,000종 이상을 나눠 주었어요. 씨앗은행은 붉은쌀과 검은쌀, 키가 큰 벼와 작은 벼의 씨도 갖고 있어요.

인도 쌀 품종 중에 '향기의 여왕'이라는 뜻을 가진 바스마티(basmati)는 섬세하고 독특한 맛을 내는 걸로 유명해요. 인도 데라둔 지역이 바스마티 쌀을 많이 심는데, 이곳에 있는 나브

다냐 농장에서도 친환경 농법으로 바스마티 쌀을 재배하고 있답니다.

많은 사람들이 좋아하는 옥수수의 원산지는 멕시코예요. 멕시코 요리에서 옥수수는 또르띠야 등 요리의 기본적인 재료로 사용된답니다. 옥수수는 멕시코에서 남아메리카로, 이후 세계 각국으로 퍼졌어요. 원산지 멕시코에서 한참 멀리 떨어진 한국에서도 옥수수를 심고 먹지요.

돈이 많은 다국적 농업 회사들은 자기들이 만든 유전자 변형 옥수수를 2만 5,000제곱킬로미터의 땅(제주도의 2배 가까운 면적)에서 경작하려 해요. 그것도 옥수수의 원산지인 멕시코에서 말이에요. 어떤 사람은 이렇게 말하더군요. '멕시코 옥수수의 대량 학살'이라고요.

남아메리카에는 토마토의 원산지가 있어요. 남아메리카에서는 현재 2,000가지 이상의 토마토 품종이 자라고 있답니다. 영어로 토마토, 이탈리아 어로 뽀모도로, 프랑스 어로는 토마테, 이탈

＊멕시코 ＊남아메리카

바스마티 쌀 토마토

* 한국

* 인도

옥수수

감자

리아 사르데냐 지방에서는 토마타라고 해요. 아마도 토마토는 멕시코 원주민 나후아 족의 말 '토마틀'에서 유래됐을 것 같아요. '둥글고 즙이 많은 식물'이라는 뜻이에요. 이름은 여러 가지이지만 세계인이 가장 좋아하는 채소 중 하나지요.

남아메리카에서는 안데스 지역이 원산지인 감자도 많이 재배돼요. 감자의 종류가 2,000가지가 넘는데, 모양과 색이 정말 신기하고 이상하게 생긴 것도 많아요. 노란색 감자도 있고 붉은색, 파란색, 보라색 감자, 노란색 점이 찍힌 분홍색 감자, 그리고 분홍색 점이 찍힌 노란색 감자도 있죠. 모양도 둥근 것에서부터 길쭉한 것, 지팡이 손잡이처럼 끝부분이 구부러진 것도 있고, 팽이 모양 감자도 있어요.

이렇듯 원산지에서는 엄청나게 다양한 품종의 감자들이 자라고 있지만, 원산지라고 해서 감자만 재배하거나 토마토만 재배하지는 않아요. 아무리 쌀밥을 좋아하는 사람이 있다고 해도 쌀밥만 먹지는 않잖아요. 김치도 먹고, 두부도 먹으려면 무, 배추, 콩도 심어야지요. 보통은 이렇게 필요한 작물을 골고루 심어서 골고루 먹어요. 하지만

한 가지 품종만 많이 심는 경우도 있어요. 이것을 단일 경작이라고 해요. 단일 경작은 농사 짓기에 편한 점도 있지만 굉장히 위험하기도 해요. 어떤 점이 그럴까요? 오래전에 있었던 이야기를 들려줄게요. 단일 경작이 왜 위험한지 알게 될 거예요. 그리고 조금 슬프기도 한 이야기예요.

오래전 일이에요. 100년도 더 된 일이지요. 아일랜드에서는 감자 단일 경작이 큰 성공을 거둔 적이 있었어요. 농부들이 모두 감자만 심었고, 그러면 그리 넓지 않은 밭을 가진 농부들이 다른 곡물을 심었을 때보다 세 배나 많은 양의 감자를 수확할 수 있었어요. 하지만 단일 경작법에는 심각한 문제가 있어요. 작물에 병이 생길 경우 그 피해가 어마어마하다는 것이지요. 1845년 여름, 아일랜드에 감자가 썩어 버리는 잎마름병이 유행했어요. 마치 사람들이 전염병에 걸리는 것처럼 밭에 있는 거의 모든 감자가 다 병들었지요. 그해 감자 농사는 모두 망쳤어요. 당시 아일랜드 사람들은 감자를 주식으로 삼았었기 때문에 정말 크나큰 재앙이었지요. 이 재앙은 한 해로 끝나지 않았어요. 10년 동안 75만 명이 굶주리거나 병들어 죽고, 250만 명이 영국이나 캐나다, 미국 등으로 이민을 떠나야 했어요. 몇 년 안 되는 그 기간 동안 아일랜드가 인구의 4분의 1을 잃게 만든 것이 모두 감자에 생긴 질병 때문이었답니다.

🌱 씨앗의 목소리

니콜라이 이바노비치 바빌로프(Nikolai Ivanovich Vavilov, 1887~1943)

러시아 과학자 니콜라이 바빌로프는 1916년부터 1936년까지 아프리카에서 남아메리카까지 세계를 돌아다니면서 씨앗을 연구했어요. 각 나라, 각 지역 주민들이 재배하는 식물의 특징을 조사하고 식물의 씨앗을 수집했어요. 어떤 식물이 추위나 가뭄, 질병에 잘 견디는지, 어떤 식물의 수확량이 더 많은지 등을 조사하고 기록한 것이지요. 당시에 연구한 모든 자료는 니콜라이 이바노비치 바빌로프가 레닌그라드(지금의 상트페테르부르크)에 설립한 식물학 연구소에 보관됐어요. 씨앗이 얼마나 중요한지 그때 이미 알았던 거지요.

안타깝게도 바빌로프는 세계 곳곳을 다니며 씨앗 연구를 한 일이 간첩 행위였다며 모함을 받아 감옥에서 죽고 말았어요. 지금은 바빌로프가 고생하며 씨앗을 모으고 연구한 것이 인류의 미래를 위한 훌륭한 일이었다는 것을 모두가 알고 있답니다.

토종 쌀 종류가 천 가지나 된다고요?
- 생물다양성으로 현명하게 농사를 지은 우리 조상

한국에는 원래 1,450가지가 넘는 쌀이 있었다고 해요. 많은가요? 아니면 적게 느껴지나요? 그런데 이건 아주 오래전 이야기고요, 지금은 450가지 정도만 남아 있다고 해요. 더 안타까운 것은 이 쌀들도 농촌진흥청 저장고에 보관만 되어 있어 지금 당장은 맛볼 수 없다는 점이에요. 여러 종류의 씨앗을 보존해야 하는 이유는 맛에만 있지 않아요. 우리 조상들은 농사를 지을 때 서너 가지 벼를 골고루 심었다고 해요. 장마에 강한 벼, 가뭄에 강한 벼, 추위에 강한 벼, 해충에 강한 벼 등을 골고루 심는 거예요. 그러면 날씨가 나쁘거나 병해충이 유행해도 농사를 완전히 망치지 않을 수 있어요. 지금은 한 가지 농작물만 많이씩 심어서 농작물 유행병이 돌거나 날씨가 좋지 않으면 한 해 농사를 모두 잃기도 하거든요. 조상들은 '생물다양성'이라는 말을 몰랐겠지만 '생물다양성'을 지키면서 병충해와 자연재해를 이겨 온 거예요.

4. 씨앗을 거두고 나눌 권리

나는 1987년부터 나브다냐 운동을 시작했어요. 그 시기에 우리가 씨앗을 보관하고 그 씨앗들을 교환할 자유가 심각하게 위협받고 있다고 느꼈기 때문이에요. 당시 세계무역기구(WTO)에서 유전자 조작 생물과 그 생물들의 씨앗에 대한 특허, 그리고 '저작권'을 둘러싸고 논쟁이 벌어지고 있었어요. 특히 씨앗의 저작권을 인정하면 무슨 예술 작품이나 영화, 소설, 혹은 음악을 사서 감상하는 것처럼 씨앗을 심을 때 저작권자에게 허가를 받아야 해서 쉽게 결정할 일이 아니었어요.

다국적 씨앗 회사들은 씨앗을 서로 나누는 농부들을 골칫거리로 생각했어요. 씨앗을 보관하고 나누는 것이 원래 농부의 일이고 권리인데 말이에요. 씨앗 회사들은 농부들에게 씨앗을 팔 방법을 생각해 냈어요. 특허 제도를 도입하고 씨앗이 특허를 낸 사람의 지적 재산이 되도록 해서 농부들이 서로 씨앗을 교환하지 못하도록 금지하자는 것이었어요.

특허는 발명을 인정하고 특허권을 보유한 사람, 즉 발명자가 자

신이 특허를 얻은 제품을 생산하거나 판매, 배포, 사용하는 권리를 갖고, 다른 사람은 자유롭게 사용하지 못하게 하도록 허락해 주는 거예요. 그런데 씨앗에 특허를 내주면 농부들이 씨앗을 보관하고 공유할 권리는 사라져요. 씨앗을 서로 교환하는 행동은 '지적 재산에 대한 범죄', 즉 인터넷에서 영화나 음악을 불법으로 받는 것과 같은 도둑질이 되는 거예요.

특허권으로 향한 길은 유전공학 덕분에 탄탄대로였어요. 다국적 씨앗 회사들은 식물 세포의 유전자 시험관 속에 다른 생물체에서 추출한 유전자 조각을 집어넣었어요. 예를 들면 유전자를 변형한 콩에 바이러스나 박테리아, 혹은 다른 식물의 DNA 조각을 집어넣는 거예요. 이때 이 유전자 변형 식물이 자기들의 '발명품'이라고 주장해요. 자기들이 만든 식물이니 자기들의 소유물이라는 거예요.

수많은 나라의 대표들이 강력하게 반대했는데도 결국 1995년에 '씨앗과 살아 있는 유기체에 대한 특허권'이 법적 효력을

발생하기 시작했어요. 인도 대표는 그 어떤
형태의 생명체라도 특허를 내주는 것은 막
아야 한다며 반대했어요. 아프리카 대표도
이의를 제기하며 지역 공동체와 농부, 전통
적인 지식을 보호해 달라고 요구했고요. 그
래서 4년 후에 이 특허에 관한 규칙들을 재
검토하기로 했지만, 그러지 않았어요. 새로운 법률이 적용되면서 자
연과 농부들의 공헌은 아무런 가치도 인정받지 못하고 아예 존재도
하지 않았던 것처럼 잊혔어요.

 나브다냐는 씨앗에 특허권을 주는 일이 부당하다고 생각합니다.
왜냐면 씨앗은 발명품이 아니고, 씨앗도 우리 인간들처럼 이 지구에
함께 사는 가족의 일부이기 때문이에요. 가족끼리인데 누가 주인이
되지는 않잖아요? 씨앗을 발명품 취급하는 것은 이 땅에 대한 모욕
이자 폭력이나 마찬가지예요.

우리 씨앗을 지키는 사람들

– 전국여성농민회총연합

 '전국여성농민회총연합'은 어떤 일을 하는 단체인가요?

🌱 안전한 먹을거리를 생산하는 농업·농촌을 지키려고 노력해요. 농촌의 한 축인 여성 농민을 위한 법과 제도를 만드는 활동, 여성 농민을 교육하는 일 등을 합니다. 건강하고 안전한 먹을거리를 생산하기 위해 토종 씨앗을 지키고, 농사를 지을 권리를 지키는 '식량주권운동'을 합니다.

 토종 씨앗을 지키는 활동도 활발히 하고 계신데, 왜 이 일을 시작하게 되었나요?

🌱 씨앗의 의미가 단순히 먹을거리를 생산하는 것에만 있는 것은 아닙니다. 수천 년에 걸쳐 이어 온 토종 씨앗은 조상들의 역사와 문화, 생물유전자가 담긴 우리 민족의 소중한 자원입니다. 전통적으로 여성 농민들은 소중한 자원인 씨앗을 갈무리하고 지키면서 공동체 속에서 존중받아 왔습니다. 그러나 이런 중요한 역할을 다국적 씨앗 회사들에게 빼앗기면서 여성들의 지위는 하락하고 공동체는 무너졌지요. 토종 씨앗을 지키는 일은 씨앗을 이어 가는 농민의 권리와 씨앗을 지키는 중요한 역할을 되찾고, 무너진 공동체를 되살리는 일이기도 합니다.

토종 씨앗으로 농사를 짓는 것은 왜 중요한가요?

 토종 씨앗 농사에는 토착화된 농사 기술, 전통 음식, 전통 문화 등 우리 삶의 형태가 고스란히 녹아 있습니다. 토종 씨앗은 우리 땅과 기후에 적응하여 화학 비료와 농약을 쓰지 않고도 농사를 지을 수 있어서 건강한 먹을거리를 생산합니다. 지역마다 다양한 씨앗은 종 다양성이 유지되는 생태 환경을 만들고, 토종 씨앗과 함께 사라졌던 전통 먹을거리를 되살리며, 지역 공동체를 복원하는 데도 중요한 역할을 합니다.

 전국여성농민회총연합은 어떤 방식으로 토종 씨앗을 보존하나요?

 씨앗을 냉장고나 냉동고에 보관하면 수십 년이 지나도 다시 심을 수 있다고 합니다. 그렇지만 변화하는 기후에 그 씨앗이 적응할 수 있다고 확신할 수 없지요. 그래서 여성 농민들은 '1농민 1토종 씨앗 지키기'를 하고 있습니다. 한 사람이 한 가지씩이라도 계속 심어서 나누고 보존하는 역할을 하는 것입니다.

 어린이들이 토종 씨앗을 보존하는 데 도움이 될 만한 일이 있을까요?

 어린이들이 땅과 토종 씨앗의 중요성을 직접 경험을 통해 느끼는 것이 중요하다고 생각합니다. 가까이 있는 씨앗도서관, 주변의 텃밭을 통해 토종 씨앗을 직접 심고 자라는 과정을 지켜봐요. 직접 손으로 벌레도 잡아 보고 그 수확물로 음식을 만들어 먹는다면 토종 씨앗의 소중함을 알 수 있을 거예요.

5. 씨앗은 발명품도 상품도 아니에요

앞에서 말한 것처럼 씨앗은 누군가의 발명품이 아니라 수백만 년에 걸친 자연의 진화와 수천 년 동안 이어 온 인간 공동체의 진화의 결과물이에요. 씨앗 회사들이 살아 있는 생명체에 특허를 내고 식물에 대한 독점권을 설정하려 하는 것은 부당한 방법으로 주민들의 지식을 장악하고 씨앗을 '상품'이나 '발명품' 취급하려는 것으로만 보여요.

그래서 우리는 농민 단체들이 지난 몇 세기 동안 건설하고 배운 것을 빼앗긴 것이나 마찬가지니 특허가 '생물 해적질'이라고 생각해요. 요즘 이런 해적질이 전염병처럼 번지고 있는데, 이것을 막으려면 다국적 씨앗 회사들의 권리뿐 아니라 농부 단체의 권리도 잘 알아야 해요.

그럼 이제부터 특허 때문에 일어나는 일에 대해 좀 더 자세히 알아볼까요?

일단 님 나무 특허 사건에서 문제가 된 생물 해적질을 먼저 살펴

보지요. '님(neem)'은 인도가 원산지인
아름다운 열대 나무로 장점이 무척
많은데, 농부들은 오래전부터 그 장
점들에 대해 잘 알고 있었어요. '님'
에는 해충이 가까이 오지 못해요. 잎
에 곤충이나 벌레, 곰팡이, 위험한 박
테리아와 같은 것들을 쫓는 천연 무
기가 들어 있거든요. 그래서 '님'은
천연 농약으로도 사용된답니다. 만약
님 나무가 가까이에 있다면 옆에서

자라는 것만으로도 농약이나 살충제를 뿌리지 않고도 건강한 열매
를 수확할 수 있어요.

1984년 인도의 보팔에서 산업의 역사상 가장 끔찍한 재앙 중 하
나로 꼽을 수 있을 만큼 심각한 사고가 있었어요. 다국적 기업 유니
온 카바이드의 살충제 생산 설비에서 맹독성 가스 구름이 분출돼
하룻밤 사이에 2,800여 명이 죽고 주변에 거주하는 수십만 명을 중
태에 빠뜨린 사고였지요. 그때 분출된 독가스의 영향이 뒤늦게 나타
나 죽는 사람도 있고 기형아를 낳기도 한답니다. 아직까지도요.
나는 '님'과 같은 식물을 심어 보고 나서 농사를 짓는 데 살충제

같은 것은 전혀 필요하지 않다는 확신을 갖게 됐어요. 그래서 보팔에서 끔찍한 일이 벌어진 후 나는 '보팔의 비극은 이제 그만! 님을 심읍시다!'라는 운동도 시작했지요.

보팔 사건이 있은 지 10년 후인 1994년, 벌레와 곰팡이를 쫓는 님의 특성이 '발명품'으로 특허를 받았다는 황당한 소식을 전해 들었어요. 미국 농림부와 다국적 기업 W. R. 그레이스가 함께 님의 씨앗에서 추출한 기름에 대한 특허를 출원했다는 거예요. 곰팡이를 없애는 님의 특징을 아주 오래전에 농부들이 밝혀낸 것이 아니라 자기들이 처음 찾아낸 것처럼 되어 버렸더군요. 그뿐이 아니었어요. W. R. 그레이스 사는 살충제 기름을 만들기 위해 농민들이 사용할 님 씨앗을 전혀 남기지 않고 모조리 사들였어요. 그렇게 해서 한때 수많은 가난한 사람들이 등불을 밝힐 때 사용하던 님 나무 기름은 더 이상 찾아볼 수 없게 됐답니다.

아무리 생각해도 너무 못됐다는 생각이 들어 나는 또 다른 운동을 시작했어요. 이번에는 님 씨앗을 구하기 위한 서명 운동이었지요. 님을 지키려는 사람들은 공개적으로 님 씨앗을 가로채려는 해적들

에게 도전장을 내밀었어요. 2005년 3월, 10년간의 투쟁 끝에 유럽 특허 사무소에서 미국 농림부 장관과 W. R. 그레이스 사에 특허를 취소한다고 통보했어요. 우리가 승리한 거예요. 당연한 일이지만요.

쌀과 관련된 해적질도 있었어요. 앞에서 말한 것처럼, 내 고향인 데라둔은 정말 맛이 좋고 향긋한 바스마티 품종의 쌀로 유명한 곳이에요. 1994년 7월 8일, 미국 텍사스에 본사를 둔 회사 라이스테크에서 미국 '특허 및 상표 등록 사무소'에 쌀 품종 특허 출원 청구서를 제출했어요. 그런데 그 품종이 다름아닌 바스마티 쌀이었어요. 바스마티 쌀은 인도 쌀인데 말이에요. 라이스테크는 자기네 쌀이 인도산 벼 종자에서 시작된 것은 맞지만, 자기들이 바스마티를 변화시킨 새로운 품종을 개발했으니 독점권을 가져야 한다고 주장했어요. 그 특허권이 있으면 라이스테크의 동의 없이는 바스마티 쌀을 파종하거나 수확할 수도 없고 씨앗을 보관할 수도, 심지어 바스마티 쌀로 요리를 할 수도 없게 되는 것이었지요. 이때도 우리는 저항 운동과 시위를 기획했어요. 바스마티 쌀을 빼앗기지 않도록 일을 바로 잡을 것을 인도 정부에 요구하기도 했어

요. 결국 특허 및 상표 등록 사무소는 바스마티 쌀에 대한 라이스테크의 특허 신청을 거부하고, 다른 잡종 쌀 몇 가지만 승인했답니다.

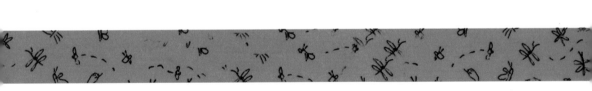

🌱 씨앗의 목소리

"뱀을 이용해 쥐를 잡아요."

라제스와리 데비 씨는 마니구하라는 마을에 사는 농민이에요. 라제스와리 데비 씨의 낫에는 끝부분에 고리 두 개가 달려 있어서 사용할 때마다 딸랑거리는 소리를 내죠. 왜 고리를 달아 놓았을까요? 밭에서 일을 할 때 뱀이 놀라서 도망가라고 매달아 놓은 거예요.

"무서워도 쥐를 잡아먹는 뱀이 쓸모가 있죠. 안 그러면 쥐들이 온 밭에 구멍을 내고 다닐 거예요."

토종 씨앗을 나누는 사람들

　요즘은 씨앗을 구할 때 보통 씨앗 가게에서 돈을 내고 사기 때문에 씨앗을 나누는 것이 이상하게 여겨질 수도 있어요. 하지만 이웃에서 빌린 씨앗을 농사를 지은 뒤 갚기도 하고 다른 씨앗과 바꾸기도 하는 것은 우리가 토종 씨앗을 대대로 지켜 올 수 있었던 비결이기도 해요. 돈이나 이익을 생각하지 않고 씨앗을 나누는 마음이 오랫동안 씨앗을 지켜 온 거랍니다.

　"이번에 수확한 옥수수가 아주 달고 맛있어요! 가져가서 내년에 심어 보세요!"

토종씨드림 씨앗 나눔

　토종 종자와 전통 농업으로 생명을 지키려는 사람들이 모였어요. 토종 종자를 수집, 보존, 분양하고 토종학교를 통해 전통 농업 방법을 교육해요. 씨앗은 유리병이나 창고에 보관되어 있는 것보다는 땅에 심겨 자라야 씨앗의 생명을 이어 가는 데 도움이 돼요.

씨드림 http://cafe.daum.net/seedream

씨앗도서관

씨앗도서관은 도서관에서 책을 빌리고 반납하는 것처럼 씨앗을 빌리는 공간입니다. 씨앗을 빌려 간 사람들은 한 해 동안 농사를 짓고, 빌린 만큼의 씨앗을 갈무리해서 갚으며 토종 씨앗이 더 많은 사람들에게 전해질 수 있도록 돕습니다. 씨앗도서관은 씨앗 농사를 짓는 채종포를 운영하고, 지역 농민들 손으로 전해 온 씨앗과 씨앗에 얽힌 이야기를 모으는 등 씨앗의 소중함을 여러 사람들과 나누기 위한 여러 활동을 하고 있습니다.

홍성 씨앗도서관 충청남도 홍성군 홍동면 / www.hs-seed.com

언니네텃밭

씨앗을 보관하는 일은 원래 여성 농민들의 몫이었어요. '언니네텃밭'은 전국의 토종 씨앗을 조사하고 모을 뿐 아니라 씨앗을 늘리기 위해 채종포를 운영해요. 직접 농사를 짓는 농민들이 모인 만큼 '1인 1토종 씨앗 심기'를 실천하면서 토종 씨앗을 지켜 나가지요. 이렇게 얻은 토종 농산물을 소비자에게 팔아서 토종 농산물이 얼마나 맛있는지를 직접 알려 주기도 한답니다.

언니네텃밭 www.sistersgarden.org

6. GMO 씨앗은 누구에게 필요한가요

GMO라는 말을 들어 본 적이 있나요? 'Genetically Modified Organism'를 줄여서 간단히 부르는 말인데, '유전자 변형 생물'이라는 뜻이에요. 씨앗 회사들은 씨앗의 유전자를 변형하거나 전혀 다른 생물의 유전자를 집어넣은 GMO 씨앗을 만들었어요. 그리고 여기에 특허권을 설정했지요. 씨앗에 특허권이 있다는 말은 무슨 뜻일까요.

특허란 어떤 것을 발명한 사람과 다른 사람들과의 계약이에요. 발명품을 사용하고 싶으면 발명가에게 허락을 받고 돈을 지불해요. 사람들은 발명가의 아이디어로 편리한 삶을 얻고, 발명가는 발명한 것에 대한 보상을 받아요. 특허는 수백 년 전 이탈리아의 베니스에서 장인들이 고안한 신기술을 전수하기 위한 수단으로 처음 사용되기 시작했으니 무척 긴 역사를 가진 제도예요. 베니스 장인들은 7년 동안 독점 판매를 보장하는 특허권을 받았어요. 그 대신 자신들의 기술을 견습생에게 가르쳤고, 이 젊은 견습생들이 7년 동안 배우고 나면 혼자서 상품을 만들고 판매할 수 있었어요. 결국 초창기의 특허 계약은 장인과 견습생은 물론 베니스 주민들 모두에게 이익이 되는 계약이었던 거죠. 장인은 돈을 벌고 견습생은 일을 배우고 주민들은 생활이 편리해지니까요.

그런데 GMO 씨앗과 식물에 대한 특허는 조금 달라요. 새로운 발명품, 새로운 기술이 나왔는데 사회가 얻는 것은 별로 없어 보이고 농민들은 이익을 얻기는커녕 오히려 가난해졌죠.

유전자 변형 식물이 농산물의 수확량, 즉 인류가 먹을 식량을 증가시켜 세계를 배고픔에서 구할 거라는 말이 있었어요. 또, 앞으로는 살충제나 잡초를 없애는 화학 물질을 덜 쓰게 돼서 지구가 훨씬 더 깨끗해질 거라는 말도 했어요. 가뭄이나 기후의 변화에 버틸 수 있는 유전자 변형 식물도 나올 거라고 했고요.

이 말을 그대로 믿는 사람들도 많았어요. 안데르센의 동화 중에 '벌거벗은 임금님'이라는 이야기가 있어요. 그 동화에서 거짓말쟁이 재단사 두 명이 똑똑한 사람에게만 보이는 마법의 옷이라고 속여 임금님에게 있지도 않은 옷을 팔지요. 옷을 입은 임금님이나 그 앞에 선 신하들은 옷이 멋지다며 칭찬해요. 옷이 보이지 않는다고 말하면 바보가 되니까요. 하지만 왕궁 밖으로 행차를 나갔을 때, 임

금님을 본 한 꼬마가 '임금님이 벌거벗었다!'라며 소리를 질렀어요. 그제야 임금님과 신하들 모두가 속았다는 사실을 깨닫게 돼요. 나브 다냐는 시민들을 대변하는 전 세계의 여러 단체들과 함께 'GMO 임 금님은 벌거벗었다'라는 제목의 보고서를 발표했어요. GMO 씨앗을 만드는 다국적 씨앗 회사들의 약속과 허세가 어떻게 잘못된 것인지, 이 씨앗들이 어떻게 실패했는지 알렸어요. 우리 모두가 속고 있다는 것을 알리기 위해 솔직한 꼬마가 되기로 한 거지요.

씨앗 회사들이 한 약속이 어떻게 거짓말이 되었는지 함께 살펴볼 까요?

첫 번째 약속

"GMO 식물은 생산량이 많다"

GMO 식물 개발을 찬성하는 사람들 은 GMO 식물이 가난한 사람들이 굶는 문제를 해결할 수 있다고 장담했어요. GMO 식물이 식량 생산량을 훨씬 늘려 줄 것이라는 주장을 한 거예요.

하지만 이건 사실이 아니라는 것을 우리는 알고 있지요. 몬산토 라는 다국적 씨앗 회사가 있어요. 이 회사는 인도에서 Bt 면화가 1 헥타르당 600킬로그램씩 생산될 것이라고 했지만 실제 생산량은

160~200킬로그램밖에 되지 않았어요. Bt 면화는 해충을 쫓는 박테리아 유전자를 심어서 만든 GMO 씨앗이에요. 몬산토는 Bt 면화의 수익이 전통 면화보다 50퍼센트 증가할 것이라고 호언장담했지만, 인도 국내 그 어디에도 그 약속이 지켜졌다고 생각하는 사람은 없어요. 그런데 미국에서도 같은 상황이 벌어졌던 모양이에요. 미국 미시시피 주의 면화 생산자 세 사람이 금전적으로 큰 손해를 봤다고 거의 2백만 달러에 이르는 배상금을 요구했다고 하더군요.

마크 라프(Marc Lappe)와 브릿 베일리(Britt Bailey), 두 학자는 자신들의 책 『Against the Grain(씨앗에 대항하여)』에 어떤 GMO 콩 씨앗이 헥타르당 360~380킬로그램의 콩을 생산했고, 토종 콩의 씨앗은 385 킬로그램을 생산했다고 썼어요. 두 학자의 말에 따르면 GMO 콩에 주입한 외부 유전자 조각 때문에 이 작물은 특정한 제초제가 없으면 제대로 자라지 못할 거라고 해요. 즉, 씨앗만 사서 쓰면 되는 것이 아니라 이 씨앗에 맞는 제초제를 꼭 함께 사서 써야만 열매를 맺는다는 말이에요. 결국 돈이 많이 드는 것이지요.

두 번째 약속

"GMO 식물은 해충에 강하고, 친환경적이다"

GMO 식물 개발을 찬성하는 사람들은 GMO 작물이 해충에 강하도록 개발되었다고 주장했어요. 하지만 실제로는 GMO 작물은 해충도 잡초도 이겨 내지 못했어요. 오히려 역효과만 낸 경우도 있어요. GMO 씨앗 때문에 저항력이 슈퍼맨급인 해충들이 탄생했거든요.

Bt 옥수수, Bt 면화, Bt 감자 등 Bt라는 단어가 붙은 씨앗들은 모두 '바실러스 튜링겐시스' 박테리아의 유전자를 심어 놓은 GMO 씨앗이에요. 이 박테리아는 해충의 애벌레를 죽이는 독소를 내뿜어요. 농민들은 바실러스 튜링겐시스 박테리아를 오래전부터 밭에 뿌리는 식으로 사용했어요. 천연 살충제라고도 할 수 있지요. 지금은 이 박테리아 유전자를 Bt 옥수수, Bt 면화, Bt 감자 등 여러 작물의 씨앗에 주입해 살충 성분을 내뿜으며 자라도록 만들었답니다. 그러면 따로 농약을 쓸 필요도 없고 좋지 않냐고요?

몬산토는 캐나다에서 Bt 감자가 특수한 경작지를 공격하는 곤충들만 없애는 생분해성 천연 살충 성분을 방출하기 때문에 매우 친환경적인 제품이라고 소개했어요. 하지만 실제로는 친환경적인 제품이 아니었어요. 일단 Bt 식물은 멈추지 않고 계속 독소를 생산했고, 임신한 여성과 배 속에 있는 아기들의 혈액에서 이 독소가 나왔어요. 그리고 얼마 후에 굉장히 심각한 일이 벌어졌어요. 이 독소와 지속적으로 접촉한 해충들, 예를 들어 좀나방과 같이 면화를 망칠 수 있는 종류의 벌레들이 독소에 대한 저항력이 강해져서 농민들은 훨씬 더 큰 피해를 입게 됐답니다.

마지막으로 Bt 식물이 기생충이나 해충만 공격한다는 것도 사실과 달라요. Bt 식물의 독소는 무당벌레나 꿀벌과 같이 유익한 곤충에게도 심각한 피해를 줄 수 있어요. 미국의 코넬 대학에서 연구한 결과 Bt의 독소가 멸종 위기에 놓인 왕나비를 해친다는 것을 알아냈어요. 나브다냐에서 Bt 식물을 연구한 결과 흙에 사는 아주 작은 미생물에게도 Bt 유전자가 피해를 준다는 사실이 밝혀졌지요.

그런데 정말 황당한 것은 제일 먼저 내세웠던 전제, 즉 Bt 식물을 심은 밭은 살충제가 필요 없을 거라는 내용도 전혀 그렇지 않다고 밝혀진 거예요. 몬산토는 유전자 변형 식물인 '볼가드 면화'를 '기적'의 상품인 것처럼 소개했어요. 광고 지면에 탐욕스러운 애벌레

몇 마리가 있는 사진과 함께 '여러분의 면화 농장에서 이런 벌레들이 보여도 아무 문제없습니다. 약을 뿌리지 마세요!'라는 문구가 실려 있었죠. 하지만 문제가 생겼어요. 미국 텍사스에서 볼가드 면화를 심은 농민들이 '밤나방'이라는 나방의 유충들이 면화를 먹어 치우는 모습을 보고 뭔가 잘못돼도 단단히 잘못됐다는 것을 알아차린 거예요. 해충에게서 면화를 지키려면 돈을 추가로 들여서 살충제를 뿌릴 수밖에 없었어요. 인도에서도 똑같은 일이 발생하자 몬산토는 살충 작용을 하는 독성 유전자를 두 개나 더 추가로 주입한 새로운 면화 '볼가드 Ⅱ'를 '발명'했답니다.

하지만 밤나방들은 새 면화 '볼가드 Ⅱ'를 비웃듯 수천 헥타르의 유전자 변형 면화 경작지 곳곳을 공격했고, 원래도 저항력이 강했던 슈퍼 해충들에 대한 공포가 전보다 훨씬 더 커졌어요. Bt 작물 경작지와 연구소에서 밤나방과 화랑곡나방, 콜로라도 감자 말똥구리와 모기 두 종류를 포함해 8종의 벌레들이 이제는 바실러스 튜링겐시스 독소에도 내성이 생겼다는 것을 알아냈지요.

이런 사건들이 터지면서 미국 환경보호국은 Bt 면화를 감시하기

시작했어요. 그리고 모든 유전자 변형 면화 경작지마다 4퍼센트에 해당하는 공간에 Bt 면화의 독소가 없는 '일반' 면화를 경작하도록 했어요. 그런 식으로 벌레들이 일반 면화 경작지에서 번식을 하며 살 수 있게 만들어 주자 살충제에 대한 내성이 생기지 않았어요. 만약 Bt 면화의 문제를 파악해서 해결하지 못했다면 우리가 이제까지 알던 일반 밤나방은 온데간데없이 사라지고 슈퍼 밤나방이 그 자리를 대신했을 거예요. 하지만 그저 시간이 조금 늦춰졌을 뿐 문제가 완전히 해결된 것은 아니에요. 지금도 유전자 변형 면화가 꾸준히 확산되고 있고 밤나방들이 Bt 독소에 점점 적응해 가고 있거든요.

세 번째 약속

"GMO 식물은 잡초에 강하다"

그럼 이번에는 씨앗 회사가 내세운 또 다른 약속, 즉 유전자 변형 식물이 잡초와의 싸움에서 농부들이 이길 수 있도록 도울 거라는 약속은 어떤지 살펴보지요. 라운드업(Roundup)이라는 제초제가 있어요. 농업 회사들은 이 제초제에 죽지 않도록 개발한 라운드업 레디(Roundup Ready) 옥수수, 라운드업 레디 콩 같은 씨앗을 팔았어요. 라운드업 제초제와 함께 쓰면 다른 풀은 죽이지만 작물에는 아무 영향도 끼치지 않는다고 설명했어요. 그래서 어떻게 됐냐고요? 애초에 설명했던 것과는 달리 라운드업 제초제에 반응하지 않는 잡초들이 자랐고, 제초제와 상관없이 밭에 잡초가 늘게 되었지요. 오스트레일리아에서는 농부들이 아주아주 싫어하는 선옹초(宣翁草)라는 풀에 내성이 생기는 일이 벌어졌고, 덴마크에서는 유채 밭에 기생하는 식물, 브라시카 라파(Brassica rapa campestris)에 내성이 생겼지요.

미국에서는 유전자 변형 콩과 면화, 옥수수를 재배하는 농민들이 자신들의 밭에서 라운드업 제초제에 내성이 생긴 잡초를 발견했어요(농민들 다섯 명 중 한 명 꼴이라는데요, 이 문제에 대해서는 아직도 조사 중이라고 해요). 한두 가지도 아니고 지금까지 발견된 것만 열 가지라고 하더군요. 미국의 경우 라운드업 레디 옥수수와 콩, 면화가 이미 전국에 확산되어 있기 때문에 내성이 생긴 잡초는 미국 농부들에게는 정말 심각한 문제이자 재앙이에요. 제초제에 내성이 생긴 식물 중에는 심각한 알레르기를 일으킬 수도 있는 식물도 포함돼 있다고 해요.

농작물의 양분을 빼앗는 잡초들의 공격을 막아 보려고 몬산토는 농민들에게 더 강력하고 독성이 진한 다른 제초제를 사라고 설득

하면서 파격적인 할인까지 해 주기 시작했어요. 결국 유전자 변형 식물은 농업계를 화학 물질에서 벗어나게 하는 게 아니라 점점 더 살충제와 제초제에 의존하게 만든 셈이에요. 그 결과 환경과 인간의 건강은 심각한 타격을 입게 됐고요.

문제를 해결하려면 상황이 어떤지 파악부터 해야겠지요. 인도에서는 나브다냐가 인도 중부에 위치한 마하라슈트라의 동쪽 지역을 조사했고, 이 지역의 연구를 통해 Bt 유전자 변형 면화를 도입하면서부터 살충제의 사용이 열세 배 증가했다는 사실이 증명됐어요.

또 다른 연구에서는 Bt 면화 경작지에서 농부들이 사용한 살충제들이 왜 토종 면화에 사용하는 살충제보다 더 비싼지 알아냈어요. 이외에도 Bt 독소에 적응한 해충들이 왜 그렇게 어마어마하게 증가했는지 밝힌 연구도 있어요. 유전자 면화를 많이 재배하는 중국은 예전에는 전혀 문제가 되지 않던 벌레들이 심각한 골칫거리가 됐어요. 1997년부터 지금까지 벌레의 수가 무려 열두 배나 늘어났거든요. 그 결과 농민들은 어쩔 수 없이 다른 살충제를 구입해야 했어요.

네 번째 약속

"GMO 식물은 기후 변화에 강하다"

몬산토와 같은 여러 씨앗 회사들이 내건 또
하나의 약속은 자기들의 씨앗이 아주 내성이
강해서 가뭄을 비롯해 지금 우리 지구에서 진
행되고 있는 기후 변화에서도 살아남을 수 있

다는 것이었어요. 그런 '내성이 있는' 작물로 특허를 받은 품종은 무
려 1,600여 가지나 돼요. 사실 그런 씨앗들이 자랑하는 그 정도 특
징은 인도 농민들이 대대손손 이어 오고 있는 토종 씨앗에서도 찾
아볼 수 있답니다.

다섯 번째 약속

"GMO 식물은 건강에 안전하다"

GMO 식물을 개발하는 여러 회사들이 장담한 또 하나의 약속은
유전자 변형 식품(예를 들면 옥수수나 콩, 쌀, 감자, 토마토)들이 사람들의
건강에 절대 안전하다는 거였어요. 하지만 동물을 대상으로 실시한
수많은 연구에서 놀라운 결과가 나왔어요. 국제보건기구는 모든 유
전자 변형 식물이 안전하다고 판단할 수 없고, 하나하나 일일이 꼼
꼼하게 평가해 봐야 한다고 발표했답니다. 어떤 것은 안전할 수도
있고, 어떤 것은 안전하지 않을 수도 있다는 것이지요.

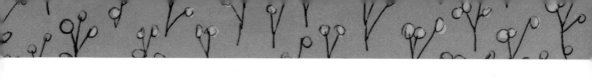

ꕥ 씨앗의 목소리

"땅을 살리는 농사는 안전한 씨앗에서 시작돼요."

홍성 씨앗도서관에서 일하는 문수영 씨는 안전한 먹을거리를 만들고 싶은 젊은 농민이에요.

"몇 년 전에 씨앗 회사에서 산 양배추의 씨앗을 받아 보기 위해 비닐하우스에 심었던 적이 있어요. 양배추는 가을에 미리 심어서 겨울을 나고 봄에 꽃을 피워서 씨앗을 받아요. 이듬해 봄, 양배추에 꽃이 피어 벌과 나비가 날아다니며 꽃가루를 잔뜩 묻혀 주는 걸 분명히 봤는데도 나중에 여문 꼬투리에는 씨앗이 들어 있지 않았습니다. 씨앗 회사에서 산 양배추 씨앗은 농민들이 씨앗을 받을 수 없도록 만든 일회용 씨앗이었던 것이지요. 쌀, 배추, 감자 등 우리가 일상생활에서 먹는 음식들이 씨앗에서 나오는데, 그 씨앗이 어디에서 어떻게 오는지 제대로 알고 있지 못했다는 사실을 깨달았습니다. 농약과 화학 비료를 쓰지 않는 건강하고 안전한 방식으로 농사를 짓는다고 해도, 살충제가 묻은 씨앗, 열매가 열리지 않는 씨앗, 유전자가 변형된 씨앗 등 안전하지 않은 씨앗으로 농사를 짓는다면 그것이 과연 안전한 유기 농업이라고 할 수 있을까 하는 의문이 생겼습니다. 농사를 짓는 기술과 방식도 중요하지만, 그보다 중요한 것은 농사의 시작인 씨앗이 건강하고 안전해야 한다는 점입니다. 오랜 세월을 거쳐서 땅으로부터 농민들이 손수 받아 온 지역의 건강하고 안전한 씨앗에서 땅을 살리는 농사가 시작되는 것이지요."

씨앗에 대해 알아볼까요? 6

뛰는 놈 위에 나는 놈 있다
– 유전자를 변형할 때마다 해충도 강해진다

농작물에 벌레가 생겼을 때, 애써 기른 농작물을 망치지 않으려면 벌레를 없애야겠지요? 벌레를 쉽게 죽이는 강한 살충제를 만들 수는 있지만 언제나 벌레들은 살충제에 적응해서 더 강하게 살아남아요.

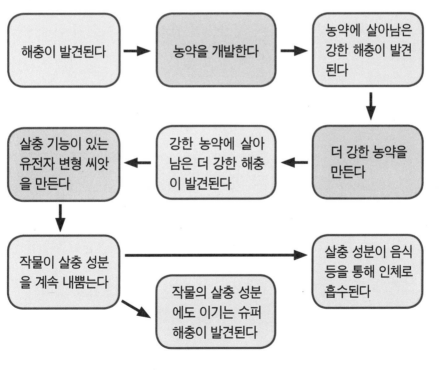

해충이 발견된다 → 농약을 개발한다 → 농약에 살아남은 강한 해충이 발견된다

살충 기능이 있는 유전자 변형 씨앗을 만든다 ← 강한 농약에 살아남은 더 강한 해충이 발견된다 ← 더 강한 농약을 만든다

작물이 살충 성분을 계속 내뿜는다 → 살충 성분이 음식 등을 통해 인체로 흡수된다

작물의 살충 성분에도 이기는 슈퍼 해충이 발견된다

7. 무엇을 먹는지 알 권리

민주주의 국가에서는 모든 시민이 자신과 관련된 일에 대한 정보를 얻고 선택을 할 수 있는 권리를 갖고 있어요. 우리가 마트에서 맛있는 도시락을 샀다고 해 봐요. 도시락 안에 어떤 반찬이 들어 있는지, 이 반찬들은 어떤 재료로 어떻게 만들어졌는지 알 권리가 있어요. 그래야 현명하고 자유롭게 선택을 할 수 있지요.

GMO 식물로 만든 식품이 시장에서 팔리게 된 지도 수십 년이 되었어요. 자신이 무엇을 먹는지 알고 싶은 사람들과 단체들은 GMO 식물이 재료로 쓰인다면 식품에 꼭 성분 표시를 해야 한다고 주장해 왔어요. GMO 식물을 찬성하든 반대하든 자신이 원하는 것을 선택할 권리가 있으니까요. 만약 시민들의 알 권리가 거부당한다면 우리는 민주주의 사회가 아닌, 시민과 환경을 존중하지 않는 '위험한 사회'에 살고 있는 겁니다.

상품 표시에 GMO 표시가 반드시 있어야 한다는 생각이 세계적으로 퍼지게 된 것은 사실 얼마 되지 않았어요. 그래서 어떤 상품에

GMO 표시를 해야 하는지도 우왕좌왕하고 있지요. GMO 씨앗을 심어서 나온 콩이 있다고 해 봐요. 마트에서 이 콩 한 봉지를 산다면 봉지에 GMO 식물이라고 표시가 되어 있겠지요. 그런데 이 콩으로 만든 두유가 있다면 두유 팩에도 GMO 콩으로 만들었다고 씌어 있을까요? 된장은요? 두부는요? 고소한 콩가루가 묻은 인절미는요? 감자, 콩, 쌀, 밀 등 모든 식재료는 원래 작물 형태로만 파는 것이 아니라 또 다른 식품의 형태로 파는 일이 많지요. 하지만 이런 식품의 성분 표시를 하는 것은 나라마다 기준이 달라서 GMO 표시가 되어 있기도 하고, 아니기도 해요. 이제 '진정한' 상품 표시가 어떤 것인지 확실히 정하고 세계 각국에 적용되도록 해야 해요. 우리가 무엇을 먹는지 확실히 알기 위해서 말이에요.

우리가 무엇을 먹는지 확실히 알기 위해 필요한 것이 또 있어요. 바로 '씨앗은행'이에요. 나브다냐에서 시작하고, 세계의 농민들에게 퍼졌지요. 이 씨앗은행을 떠올릴 때, 우리가 흔히 이용하는 은행을 생각하면 안 돼요! 씨앗은행에는 보안문이나 자물쇠, 유리와 알루미늄 문 같은 것은 없어요. 총을 차고 은행 문 앞을 지키는 경비원도 없고요. 씨앗은행은 흔히 생각하는 은행이라기보다는 그냥 오래되고 알록달록하고 친숙한 도서관을 떠올리는 게 나을 거예요.

실제로 우리 은행을 '씨앗도서관'이라고 부르기도 해요. 씨앗을 빌려 갔다가 식물이 자라서 씨앗이 만들어지면 다시 반납하는 과정이 도서관과 똑같잖아요. 다만 인도에서 씨앗을 보관하는 곳은 아주 오랫동안 신성한 장소였기 때문에 인도에서는 씨앗은행에 들어가기 전에 신발을 벗어야 해요.

씨앗은행에는 돈이 들어 있는 금고 대신 씨앗이 담긴 유리병들이 늘어서 있는 저장고가 있어요. 유리병마다 식물의 품종과 특징이 적혀 있지요. '이 벼는 붉은색 열매가 달리고, 가뭄에 아주 강함' 뭐 이렇게요.

자그마한 씨앗은행들이 볼품없어 보일 수도 있지만, 씨앗은행의 가치는 엄청나요. 하나의 씨앗에서 수십 개, 수백 개의 열매가 달리고, 이 열매들은 우리의 먹을거리가 되니까요. 그리고 씨앗은행에서 보관하고 나누어 주는 토종 씨앗들은 우리가 무엇을 먹는지 정직하게 보여 주거든요. '콩'이라고 써 있는 씨앗을 심으면 '콩'이 열려요. 박테리아 유전자도, 독성 성분도 아닌 그냥 '콩'만 먹을 수 있다니까요.

씨앗의 목소리

"농약을 쓰는 것은 땅을 불태우는 일"

63세 쉬브데이 데비 씨는 인도 우타라칸드의 마니구하 마을에 사는 농민이에요.

쉬브데이 데비 씨는 자신의 밭에서 한 번도 화학 비료나 농약을 써 본 적이 없고 누가 선물로 준다고 해도 받지 않을 거래요. 살충제나 제초제 같은 농약을 쓰는 일이 '땅을 불태우는 일'이라고 생각하기 때문이지요. 땅이 불타면 더 이상 농사를 지을 수 없잖아요. 앞으로도 농약 같은 것은 쓰지 않겠대요. 씨앗 지킴이기도 한 쉬브데이 씨는 마을 주민들과 언제라도 기꺼이 씨앗을 교환할 거라고 합니다.

우리나라에는 GMO 작물이 없다고요?

– GMO 작물에 대한 오해와 편견

Q GMO 작물은 농약이 필요 없다 ⋯▶ 아니에요

  GMO 작물에 벌레를 쫓는 유전자를 심어 놓았기 때문에 농약을 쓰지 않아도 된다고 말을 하지만 이것은 사실이 아니에요. 해충들은 항상 어떤 농약에든 적응해서 더 강해지기 마련이거든요. 게다가 어떤 GMO 작물은 특정한 농약을 썼을 때만 열매를 맺도록 설계되어 있기도 해요. 농약을 쓰지 않으면 해충과 상관없이 열매가 아예 달리지 않는다는 말이지요.

Q GMO 작물은 생산량이 많다 ⋯▶ 꼭 그렇지는 않아요

  GMO 작물에는 열매를 많이 맺는 유전자를 심어 놓아 생산량이 많고 그래서 돈을 많이 벌 수 있다고 말하지요. 실험실에서 자란 식물 하나는 그럴지도 모르지만 미국과 인도에서 토종 작물과 비교해 조사한 내용을 보면 꼭 그렇지도 않은 것 같아요. 토종 작물에 비해 형편없이 적게 생산되기도 하고요, 슈퍼 해충에 공격받아서 농사를 망치기도 하니까요. 글쎄요⋯⋯.

Q GMO 작물은 인체에 해롭다 ···▶ 아직 잘 몰라요

　어떤 GMO 작물은 해충을 쫓으려고 심은 독성이 사람에게까지 나타나는 경우가 발견되기도 했어요. 하지만 모든 GMO 작물이 인체에 안전하다거나 해롭다고 딱 잘라 말하기는 힘들어요. 여러 실험을 거쳐 GMO 작물을 개발하겠지만 사람들에게 어떤 영향을 끼치는지 실험하기는 쉽지 않거든요. 겉으로는 안전해 보여도 시간이 아주 오래 지나고 나서야 발견될 수도 있고요.

Q 우리나라에는 GMO 작물이 없다 ···▶ 있어요

　우리나라에는 GMO 작물을 팔 수 없도록 제한을 두고 있었어요. 하지만 우리 밥상에 GMO 쌀밥이 올라올 날도 멀지 않은 것 같아요. 그동안 연구만 하던 GMO 벼를 이제 먹어도 되는지 안전성 심사를 곧 해 주기로 했거든요. 만약에 이 심사에 통과한다면 GMO 벼를 농사짓고, 쌀을 팔게 되겠지요. 하지만 이전에도 우리나라에도 GMO 작물이 있었어요. 우리 농민들은 GMO 농사를 지을 수 없었지만 GMO 작물을 생산하고 수출하는 나라들은 많았거든요. 어쩌면 우리는 이미 GMO 식품을 매일매일 먹고 있을지도 몰라요.

8. 씨앗을 지킬 의무

세계 곳곳에서 수많은 단체들이 자신들의 토종 씨앗을 보호하고, 원래 그랬던 것처럼 자유롭게 씨앗을 나누고 있어요. 그리고 농민들에게 자기들이 특허를 낸 씨앗을 사용하라고 설득하는 다국적 씨앗 회사들의 압력에는 당당히 저항하고요.

하지만 씨앗 회사의 압력으로 입은 피해는 이미 심각한 상태예요. 인류가 재배하던 8,500여 종의 식물이 이제는 얼마 남지 않아 세상의 주인 노릇을 하기가 힘들어졌어요. 인도에서는 원래 수백 년 동안 1,500여 종의 다양한 면화가 재배됐어요. 그런데 이제는 인도에서 자라는 면화의 95퍼센트가 그 유명한 유전자 변형 Bt 면화예요. 농민들이 면화에 대한 '저작권료'를 다국적 씨앗 회사 몬산토에 지불하고 있는 셈이지요.

면화뿐 아니라 옥수수와 콩도 마찬가지예요. 수많은 종류 중에서 농부들이 선택해서 다른 작물을 재배하는 대신 다국적 씨앗 회사들

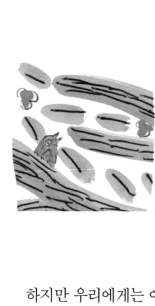

이 파는 몇 가지 안 되는 적은 종류만 재배해요. 이렇게 계속 똑같은 식물만 재배하면 흙에도 좋지 않은 일이 일어나요. 같은 작물을 오랫동안 대규모로 계속 재배하다 보면 흙의 영양분이 부족해지거든요.

하지만 우리에게는 아직 가능성이 있고, 지구와 지구에 살고 있는 모든 생명체들이 잘 살 수 있도록 노력해야 할 의무가 있어요. 인도에서는 나브다냐와 농부들이 씨앗과 땅을 지키려고 노력하고 있어요. 씨앗과 땅을 지키는 수호자들은 세계 곳곳 어디에나 있어요. 이름은 다 다르겠지만요.

어린이 여러분도 할 수 있는 일이 많아요. 아직 어리고, 농사를 짓지도 않는데 어떤 일을 할 수 있냐고요?

♈ 씨앗의 중요성을 알려요

우선 여러분이 아는 사람들에게 이 책에서 배운 것을 모두 말해 주세요. 혼자만 알고 있기보다는 모두가 알고 있는 것도 중요해요. 우리에게는 '알 권리'가 있다고 말했지요.

🌱 지역에서 나는 토종 농산물을 먹어요

수입 식품이나 대량으로 생산되는 식품들보다는 여러분 집에서 가까운 곳에서 농민들이 생산한 재료와 음식을 선택해요. 같은 마을, 같은 도시에서 생산된 농산물들이라면 어떤 씨앗을 심어서 나온 것인지 알기가 더 쉽지요. 기회가 되면 농장을 찾아가서 농산물을 어떻게 재배하는지 설명도 들어 봐요. 토종 씨앗을 심었는지, 아니면 씨앗 가게에서 산 씨앗을 심었는지도 물어볼 수 있지요.

🌱 멋진 농부가 되어요

그리고 여러분이 어른이 되면 가질 수 있는 직업 중에 '농부'가 있다는 것을 잊지 마세요. 농부는 자연을 비롯해 살아 있는 모든 것과 항상 접할 수 있는 무척 멋있는 직업이랍니다. 여러분이 자연과 상관없다거나 자연보다 위에 있다는 생각을 하지 말고 여러분과 함께하는 공동체로 여기고 항상 자연과 조화를 이루며 살려고 노력하세요.

🌱 씨앗을 심어요

지금 당장 씨앗을 찾아 보세요. 주변에서 토종 씨앗을 구할 수 있는지 알아봐요. 시골에 계신 할머니가 농사를 지으신다면 맛있는 열매가 열리는 토종 씨앗을 가지고 계실지도 몰라요. 씨앗을 구하면 밭이나 정원, 아니면 화분에 심어서 집 안에서라도 길러 보세요.

❦ 씨앗을 나눠요

여러분의 이웃, 그리고 학교 친구들과 씨앗을 교환해요. 이렇게 나눈 토종 씨앗을 가지고 '희망의 정원'을 만들어 보세요. 집이나 학교에서, 혹은 여러분의 마을이나 시에 공동 텃밭을 만드는 것도 좋은 방법이지요. '희망의 정원'을 만드는 것은 건강한 먹을거리를 재배하고 건강을 키우고 희망과 흙에 대한 사랑을 키우는 거예요. 그리고 자연을 위한 자유, 우리 자신을 위한 자유를 키우는 일이기도 하고요.

❦ 씨앗의 목소리

"왜 토종 씨앗을 심냐고요? 원래 심고, 먹던 거니까요."

정읍 농민 권명순 씨는 토종 씨앗을 심는 게 거창한 이유가 있거나 특별한 일이 아니라 당연한 것이라고 말합니다.

"친정 어머니가 주신 것이어서 소중히 심고, 동네에서 늘 심어 오던 것이니까 그냥 계속 심는 거예요. 어릴 때부터 먹던 것이어서 내 입맛에 꼭 맞기도 하고요."

우리가 우리 씨앗을 지키는 방법

☀ 도시의 농부가 되어 우리 씨앗을 지켜요

어디에? 주말 농장, 옥상이나 베란다에

무엇을? 씨앗도서관이나 언니네텃밭에서 구한 씨앗

어떻게? 맛있는 열매를 먹을 수 있다는 기대를 갖고 정성 들여서!

논도 없고 밭도 없는데 어떻게 농사를 짓냐고요? 지을 수 있어요. 볕이 잘 드는 베란다에 스티로폼 박스나 화분을 놓고 키울 수도 있고요, 옥상에 밭을 꾸며 키울 수도 있어요. 토종 씨앗은 토종씨드림이나 씨앗도서관에서 구해요. 어쩌면 시골에 계신 할머니도 토종 씨앗을 몇 가지 가지고 계실지도 몰라요. 오랫동안 농사를 지으셨다면 만든 씨앗보다 훨씬 맛있는 토종 씨앗을 지켜 오셨을 테니까요. 하지만 가장 중요한 것은 토종 씨앗이 열매를 맺기까지 물도 주고, 벌레도 잡아 주는 정성 어린 마음이겠지요.

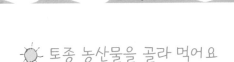

토종 농산물을 골라 먹어요

"울릉 홍감자 주세요!", "이천 게걸무 없어요?",
"담양 토종배추가 맛있다던데요?"

토종 씨앗 대신 씨앗 회사가 만든 씨앗을 심기 시작한 것은 농사를 지어 돈을 벌어야 했기 때문이에요. 토종 씨앗보다 열매가 많이 열리는 씨앗을 개발해서 판 거지요. 토종 씨앗의 열매가 작거나 생산량이 적기는 하다고 해요. 하지만 맛은 그 어떤 것보다 뛰어나대요. 사람들이 시장에서 토종 농산물을 즐겨 산다면 상인들은 토종 농산물을 가져다 팔려고 할 것이고, 농민들도 신이 나서 토종 씨앗을 심을 거예요.

씨앗 나눔 단체에 용돈을 모아 기부를 해 봐요

토종씨드림, 언니네텃밭, 씨앗도서관 등 우리 토종 씨앗을 지키기 위해 노력하는 사람들이 있어요. 토종 씨앗을 나눠 줄 때 돈을 받지는 않지만 토종 씨앗을 모으고 보존하는 일은 시간과 돈이 많이 들어요. 씨앗을 보관할 냉장고도 있어야 하고, 씨앗을 모으러 갈 때 차비도 드니까요. 우리가 조금씩 용돈을 모아 기부한다면 씨앗을 모으고 보존하는 데 큰 도움이 될 거예요.

옮긴이 김현주

한국외국어대학교 이태리어과를 졸업하고, 이탈리아 페루지아 국립대학과 피렌체 국립대학 언어 과정을 마쳤습니다. EBS의 교육방송 일요시네마 및 세계 명화를 번역하고 있으며, 현재 번역 에이전시 하니브릿지에서 출판기획 및 전문 번역가로 활동하고 있습니다. 『학교 울렁증』 『나쁜 회사에는 우리 우유를 팔지 않겠습니다』 『나몰라 아저씨, 여기서 이러시면 안 돼요!』 『생명을 품은 바다 이야기』 등 여러 책을 우리말로 옮겼습니다.

감수 전국여성농민회총연합

안전한 먹을거리를 생산하고, 자녀들과 가정을 돌보는 여성 농민들이 모여 농촌과 농업을 힘차게 지키고, 여성 농민들의 권리를 지키기 위해 전국여성농민회총연합을 만들었습니다. 토종 씨앗 지키기 운동과 '언니네텃밭' 사업을 열심히 한 것을 인정받아 '지역사회 식량보장연합(CFSC)'이 주는 2012년 '세계식량주권상'을 받았습니다.

추천 홍성 씨앗도서관

씨앗도서관은 도서관에서 책을 빌리고 반납하는 것처럼 씨앗을 빌리는 공간입니다. 씨앗을 빌려 간 사람들은 한 해 동안 농사를 짓고 갈무리한 다음, 빌린 만큼의 씨앗을 다시 갚으며 토종씨앗이 더 많은 사람들에게 전해질 수 있도록 돕습니다. 매년 지역에서 오랫동안 농부님들의 손으로 전해져 온 씨앗과 씨앗에 얽힌 이야기를 수집하고, 씨앗 농사를 짓는 채종포를 운영하며, 다양한 활동을 통해 마을 사람들, 아이들과 함께 씨앗의 소중함을 나누고 있습니다.

씨앗이 있어야 우리가 살아요
– 반다나 시바의 나브다냐 운동 이야기
초판 1쇄 2016년 3월 25일 | 초판 5쇄 2022년 7월 5일

글쓴이 반다나 시바 · 마리나 모르푸르고 | 그린이 알레그라 알리아르디 | 옮긴이 김현주
펴낸이 김찬영 | 펴낸곳 책속물고기
출판등록 제2021-000002호 | 주소 서울특별시 영등포구 양평로 157, 1112호
전화 02-322-9239(영업) 02-322-9240(편집) | 팩스 02-322-9243
책속물고기 카페 http://cafe.naver.com/bookinfish | 전자메일 bookinfish@naver.com

ISBN 979-11-86670-25-5 13520

이 도서의 국립중앙도서관 출판예정도서목록(CIP)은 서지정보유통지원시스템 홈페이지(http://seoji.nl.go.kr)의 국가자료종합목록시스템(http://www.nl.go.kr/kolisnet)에서 이용하실 수 있습니다.(CIP제어번호: CIP2016003962)

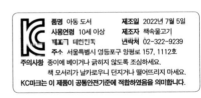

품명 아동 도서	제조일 2022년 7월 5일
사용연령 10세 이상	제조자 책속물고기
제조국 대한민국	연락처 02-322-9239
	주소 서울특별시 영등포구 양평로 157, 1112호

주의사항 종이에 베이거나 긁히지 않도록 조심하세요.
책 모서리가 날카로우니 던지거나 떨어뜨리지 마세요.
KC마크는 이 제품이 공통안전기준에 적합하였음을 의미합니다.